Álvaro de Bedout Tamayo

El mundo
en su mesa

Exquisitas recetas
de diferentes lugares del mundo

PANAMERICANA
EDITORIAL

Dirección editorial
Panamericana Editorial Ltda.

Dirección editorial
Conrado Zuluaga

Dirección editorial
Emöke Ijjász S.

Diagramación
Adriana María Gómez B.
Martha Ramírez Jáuregui

Fotografía
Maruka Fernández

Producción de fotografía
Emöke Ijjász S.
Clara Inés de Arango

Maquillaje de alimentos
Clara Inés de Arango

Bedoui Tamayo, Álvaro de
   El mundo en su mesa : exquisitas recetas de diferentes lugares del mundo / Álvaro de Bedoui Tamayo , fotografía Maruka Fernández. -- Santafé de Bogotá : Panamericana Editorial, 1999.

   160 p. : il. 24 cm. -- (Colección cocina práctica)
   ISBN 978-958-30-0703-3

   1. Cocina 2. Gastronomía I. Fernández, Maruka, il. II. Rincón R, María Cristina, ed. III. Tít. IV. Serie
   641.5 cd 20 ed.
   AGT5203

      CEP-Banco de la República-Biblioteca Luis-Ángel Arango

Segunda reimpresión, octubre de 2007
Primera edición, Editorial Voluntad S.A., 1994
Primera edición en Panamericana Editorial Ltda., octubre de 1999

© Panamericana Editorial Ltda.
Calle 12 No. 34-20, Tels.: 3603077 - 2770100
Fax: (57 1) 2373805
Correo electrónico: panaedit@panamericanaeditorial.com
www.panamericanaeditorial.com
Bogotá D. C., Colombia

ISBN 978-958-30-0703-3

Impreso por Panamericana Formas e Impresos S. A.
Calle 65 No. 95-28, Tels.: 4302110 - 4300355, Fax: (57 1) 2763008
Bogotá D. C., Colombia
Quien sólo actúa como impresor.

Impreso en Colombia   Printed in Colombia

Contenido

Al lector

Conocer sitios y personas en los diferentes países que he visitado me ha brindado la oportunidad de saborear una gran diversidad de platos, aprender a prepararlos, o bien, modificarlos para realizar mi versión personal. Es mi deseo que el lector disfrute también de estas delicias y por eso he recopilado algunos platos que me recuerdan algo especial, tanto de la cocina europea como de la oriental y americana.

Los nombres de la mayoría de las recetas le resultarán familiares. He remplazado algunos ingredientes por otros, debido a la dificultad para conseguirlos en nuestro medio. También he modificado algunos métodos de preparación con el fin de elaborar los platos sin grandes misterios, y utilizando modernos y rápidos utensilios de cocina.

En el comercio podrá encontrar ingredientes con una preparación previa, lo que acorta el tiempo de elaboración.

Los condimentos se indican para el gusto promedio. Como norma general, utilice menor cantidad de la indicada y vaya aumentándolos según su paladar. Durante la cocción es muy importante el probar porque si no, uno camina a ciegas.

A partir de la página 138 hallará una lista de menús internacionales, que podrá preparar con estas recetas.

Nota: Las recetas se calcularon para cuatro comensales, pero el sabor variará al aumentar o disminuir las porciones. Para ajustar las cantidades a un número mayor o menor de personas, en la página 144 encontrará la tabla pertinente.

Algunos consejos útiles

* Lea toda la receta y tenga a la mano los ingredientes antes de iniciar la preparación, lo que le ayudará a preparar el plato más rápidamente.

* Las temperaturas y tiempos de cocción son aproximados y sólo se dan como guía. Pueden variar según la altura sobre el nivel del mar, el tipo de aparatos y la fuente energética o el combustible de que disponga.

* Precaliente el horno a la temperatura indicada, antes de colocar los alimentos. Diez minutos antes de completar el tiempo programado, apagar el horno (sin abrirlo) le permitirá terminar la cocción con un gran ahorro de energía.

* Para evitar el humo producido por la grasa que se quema dentro del horno, coloque la parrilla con la carne sobre una lata para hornear que contenga un poco de agua.

* Cubrir el fondo de los recipientes para hornear con papel aluminio le facilitará su lavado. Engrasarlos bien evitará que los alimentos se peguen.

* Las carnes que han sido refrigeradas deben alcanzar la temperatura ambiente, antes de ser sometidas a cualquier tipo de cocción.

* Para cocinar los espárragos, colóquelos parados en la olla, con las puntas fuera del agua, para evitar que éstas se desintegren y que el resto no quede suficientemente cocido.

* Para desgrasar un líquido, coloque una toalla de papel sobre la superficie; puede repetir el proceso, si fuera necesario. También puede retirar la grasa empleando una cuchara.

* Cuando necesite flamear una preparación con brandy, es mejor calentarlo antes en un recipiente metálico, para que los vapores del alcohol se desprendan fácilmente, y luego verterlo en un cucharón, encenderlo y esparcirlo sobre el plato.

* La tocineta frita puede escurrirse bien sobre toallas de papel.

* Los aderezos para ensaladas pueden mezclarse y guardarse dentro de un frasco con tapa. Deben agitarse bien antes de usarlos. Si las ensaladas contienen verduras de hoja ancha, el aderezo sólo debe incorporarse en el momento de servir.

* Para pelar tomates, primero sumérjalos 3 o 4 minutos en agua hirviendo para que la piel se desprenda con facilidad.

* Para evitar que los ojos se irriten con la cebolla, córtela dentro de un recipiente con agua.

* Las verduras quedan mejor lavadas si se introducen en un recipiente con bastante agua y se agitan dentro para retirar la suciedad. Deben escurrirse bien.

* Antes de cocinar los cereales, escójalos colocando pequeñas cantidades sobre un plato pando para poder retirar los granos dañados y piedrecitas. Luego introdúzcalos en un recipiente con abundante agua, revuelva, restriéguelos entre las manos y escúrralos en un colador.

Bebidas

CLASIFICACIÓN DE LOS VINOS

1. Tintos de mesa con cuerpo

Son secos, de color rojo oscuro, profundos, aromáticos
y con crianza. Se sirven a temperatura ambiente.

Región	Comarca	Viñedo	Vino
FRANCIA			
Burdeos	Médoc	Margaux	Château Margaux
"	"	Rausan	Varios
"	"	Pauillac	Château Lafite-Rotschild
"	"	"	Mouton-Rotschild
"	"	St-Estèphe	Château Latour-Montrose
"	"	St-Julien	Léoville-Barton
"	Graves		Château Latour-Martillac
"	St-Emilion		Château Belair
"	"		Cheval Blanc
"	Pomerol		Latour-Pomerol
"	"		Petit-Village
Côtes-du-Rhône			Châteauneuf-du-Pape
Borgoña	Côte de Nuits		Chambolle - Musigny
ESPAÑA	Rioja		Marqués de Riscal
	"		Marqués de Murrieta
ITALIA	Toscana		Chianti Classico
CHILE		Santa Carolina	Gran Vino Reservado
		Santa Rita	Medalla Real 120
		Concha y Toro	Marqués de Casa Concha
		Concha y Toro	Casillero del Diablo

2. Tintos de mesa (de medio cuerpo) ligeros

Son secos, de color rojo menos intenso
que los anteriores, cristalinos, llenos de vida y con crianza.
Se sirven a temperatura ambiente.

Región	Comarca	Viñedo	Vino
FRANCIA			
Borgoña	Côte d'Or		Côte de Beaune-Villages
"	"		Gevrey-Chambertin
"	"		Pommard
"	Beaujolais		Moulin-à-Vent
"	"		Côte de Brouilly
ITALIA	Toscana		Chianti Putto
ESPAÑA	Andalucía		Valdepeñas Félix Solís
	"		Valdepeñas Los Llanos

3. Tintos de mesa jóvenes

Son secos, de color rubí claro, aromáticos, afrutados y ligeros, con
poca crianza. Deben consumirse en los meses siguientes a su
embotellamiento y servirse ligeramente fríos.

Región	Comarca	Vino
FRANCIA	Beaujolais	Beaujolais, varias bodegas

4. Rosados de mesa

Son secos o semisecos, de color rosado o anaranjado
suave, alegres, afrutados, y se sirven ligeramente fríos.

Región	Vino
FRANCIA	
Côtes-du-Rhône	Lirac
Val-de-Loire	Sancerre
"	Cabernet d'Anjou

5. Blancos de mesa secos

Algunos son muy secos, ligeramente afrutados,
finos, con cuerpo y llenos de vida. Se sirven fríos.

Región	Comarca	Vino
FRANCIA		
Burdeos	Graves	Château Oliver
"	"	Latour Martillac
Borgoña	Chablis	Les Clos
"	"	Côte de Fontenay
"	"	Château de Maligny
"	Côte d'Or	Puligny Montrachet
Côtes-du-Rhône		Hermitage
Val-de-Loire		Pouilly Fumé
"		Vouvray
"		Muscadet
CHILE		Undurraga Sauvignon Blanc

6. Blancos de mesa ligeros

Son secos, ligeramente ácidos y afrutados,
ligeros y frescos. Se sirven fríos.

Región	Cepa	Vino
FRANCIA		
Alsace	Riesling	Kayserberg-Villages
"	"	Alsace, varias bodegas
Côtes-du-Rhône		Côtes-du-Rhône
"		Côtes du Luberon
Mâcon		Pouilly - Fuissé

7. Blancos licorosos

Son semidulces o dulces, de sabor intenso,
con cuerpo, maduros y sensuales. Se sirven fríos.

Región	Comarca	Vino
FRANCIA		
Burdeos	Sauternes	Château d'Yquem
"	"	Château Giraud
Languedoc-Roussillon		Muscat de Frontignan
Côtes-du-Rhône		Beaumes de Venise

8. Blancos de mesa jóvenes

Son secos, ligeros, aromáticos y sin crianza.
Deben consumirse en los meses siguientes
a su embotellamiento y servirse fríos.

Región	Vino
FranciA	
Val-de-Loire	Muscadet, varias bodegas

9. Vinos espumosos

Su burbujeante alegría los ha hecho famosos como vinos festivos,
más que como aperitivos o vinos de mesa. Acompañan bien platos
con pescados, mariscos, aves, quesos y postres. Se sirven fríos.

Se clasifican en:
Brut, los más secos
Extra Dry, con poco dulzor
Dry, algo más dulce que el extradry
Demi-sec, dulce
Doux, muy dulce

Región	Bodegas	Vino
FranciA		
Champagne	Louis Roederer	Cristal Brut

Región	Bodegas	Vino
Champagne	Moët et Chandon	Dom Pérignon
"	G.H. Mumm	Cordon Rouge
"	Veuve Clicquot-Ponsardin	La Grande Dame
Val-de-Loire		Vouvray
"		Saumur
Borgoña		Rully
Côtes-du-Rhône		Clairette de Die

10. Vinos generosos

Son de alta graduación alcohólica. Los hay blancos,
rojos, secos, semisecos y dulces. Son de gran carácter,
consistentes, aromáticos y con mucha fuerza.

Región	Vino
PORTUGAL	
Valle del Duero	Oporto Ferreira
"	Oporto Doña Antonia, Reserva Personal
ESPAÑA	
Jerez de la Frontera	Tío Pepe de González Byas
"	Bristol Cream de Harvey's

CÓMO SELECCIONAR LOS VINOS

Mi recomendación general es: «Beba usted el vino que más le agrade»;
sin embargo, y de acuerdo con la clasificación de las páginas
anteriores, me permito sugerirle los siguientes vinos para
acompañar los platos indicados en la columna correspondiente.

Platos	Vino del grupo	Grupo opcional
Almejas	5	7-9
Antipasto	5	7
Berenjena	1	
Bisque	5	10
Bullabesa	6	
Caviar	9	
Caracoles	5	2-3
Cangrejo	9	5
Callos	7	
Carne de res	1	2
Carne de cerdo	8	2-1
Carnes frías	5	1
Calamares	6	4
Cebiche	6	
Chinos - hindúes	5	
Cordero	1	2
Conchas	7	
Conejo	3	4
Codorniz	2	5
Curry	7	4
Embutidos	5	

Platos	Vino del grupo	Grupo opcional
Ensaladas	6	4
Espárragos	6	
Fondue	5	
Gallo, gallina	5	2
Gazpacho	10	
Jamón de cerdo	5	2
Jamón Serrano	3	2-7
Langosta	9	5
Langostinos	5	6
Lengua	1	2
Moussaka	4	2
Ostras	9	5
Paella	4	1
Pâte	7	5-9
Pato	1	2
Pato Pekín	7	9
Pato con frutas	7	
Pato con salsa dulce	1	
Pavo	1	5-7
Pastas con cremas	5	6
Pastas con tomate	1	2

Platos	Vino del grupo	Grupo opcional
Pastas con carnes	2	3
Pastas marineras	5	6-7
Pechugas	2	4
Perniles	2	1
Pescados varios	6	5-4
Pescado ahumado	5	10-9
Perdiz	2	5
Pizza	1	3
Pimiento	1	
Pollo	6	5-4
Postres	7	9
Quibbe	7	
Quesos	7	9
Riñones	2	3
Salmón ahumado	9	5
Salchichón	1	
Steak Tártaro	3	
Ternera	1	5-3-2
Venado, Cacería	2	1
Vieiras	7	

Aperitivos

Para abrir el apetito antes de una comida, recomiendo un vino jerez seco como el Fino La Ina o Tío Pepe, o una Manzanilla amontillada como«La Bailadora» de la casa Marqués de Real Tesoro. También son indicados los vinos espumosos secos que se detallaron en el grupo 9, o los blancos secos, sin acidez, del grupo 5.

Igualmente, se acostumbra ofrecer una copa de Dubonnet o Campari, sobre cubos de hielo, o de vodka con unas cascaritas de naranja o de lima, servido muy frío.

Otra opción es servir algunos cocteles tradicionales como los que aparecen a continuación.

Coctel de Dubonnet

1 1/2 oz de Dubonnet
3/4 oz de ginebra

Mezclar bien y servir sobre cubos de hielo.

Dry Martini

1 1/2 oz de ginebra
3/4 oz de vermut blanco seco

Mezclar bien y servir sobre cubos de hielo, con aceitunas verdes.

Negroni

3/4 oz de Campari
3/4 oz de ginebra
3/4 oz de vermut (seco o dulce)

Mezclar bien y servir sobre cubos de hielo.

Mimosa

1 1/2 oz de vino espumoso blanco o Champagne
1 1/2 oz de jugo de naranja

Mezclar y servir muy frío.

Pousse-cafés

Se denomina *pousse-café* a la bebida alcohólica que se toma al final de una comida, generalmente con o después del café.

Para mi gusto, y sin lugar a dudas, el mejor *pousse-café* es una buena copa de vino rojo, profundo, de buena crianza, como los del grupo 1. Como segunda opción recomiendo los oportos olorosos, de gran cuerpo, profundos, afrutados y en especial, los vinos de Madeira como el Malmsey Vieja Reserva. Los licores fuertes también tienen gran aceptación, así como el cognac añejo (V.S.D.P.), del cual pueden encontrarse buenas marcas en el comercio. Así mismo, son muy agradables los licores dulces como el Triple-Sec, Cointreau, Curaçao, Bénédictine, Chartreuse y Amaretto, que se sirven a temperatura ambiente en copas pequeñas, o las cremas de menta, de anís, de cacao y de otras frutas o hierbas, que en su mayoría se sirven en copas amplias sobre hielo triturado *(frappé)*.

Nidos de berenjena con cangrejo

Hígados con salsa de mango

Tomates con Mozzarella y salami

Champiñones en conserva "Álvaro"

Gazpacho

Lomo a la japonesa

Conejo a la mostaza

Kebab

Pollo a la King

Pato a la pimienta verde

Trucha al estilo del Valle del Loira

Langostinos al curry

Paella marinera

Ensalada bandera de pimientos

Crêpes con salsa de fresas

Budín de pan con salsa de whisky

Entradas

Brochetas de ostras fritas

32 ostras sin conchas
8 pinchos de madera (o palitos de bambú)
miga de pan, cantidad suficiente
aceite para freír
4 limones cortados en mitades

Salsa para marinar:

1 huevo
2 cdas. de chutney de mango
1/2 cda. de salsa de soya
1/2 cdita. de pimienta de Cayena
2 cebollas largas (sólo parte verde)
sal y pimienta, al gusto

Cocinar las ostras en agua salada hirviendo, por 3 minutos; retirar y escurrir.

En un ayudante de cocina, procese todos los ingredientes de la marinada.

Sumerja las ostras en esta salsa, y luego arme las brochetas colocando 8 ostras en cada una. Rebócelas en miga de pan y fríalas en el aceite bien caliente; retire y escurra. Sirva de inmediato, con rodajas de limón.

Sugerencia: acompañar con un vino espumoso (grupo 9).

Bisque de langosta

1 lb (500 g) de carne de langosta,
cortada en trocitos
1 1/4 cdas. (16 g) de mantequilla
2/3 cda. de hinojo picado
2 1/2 tazas de caldo de pescado
(ver pág. 136)
1 cdita. de sal
2/3 cdita. de pimienta
1 taza de vino blanco seco
1 taza de crema de leche
1 1/2 cdas. de salsa de tomate
2 cditas. de harina de trigo
1 cebolla picada
2 tallos de apio picados
1 hoja de laurel
4 cdas. de perejil picado

En una sartén, derretir la mantequilla, agregar la langosta hasta dorar ligeramente; salpicar encima con el hinojo y reservar.

En una olla, hervir el caldo con sal y pimienta, por 5 minutos.

A velocidad máxima, licuar juntos el caldo con la mitad de la carne de langosta, la mantequilla y el hinojo reservados, el vino, la salsa de tomate, la crema y la harina. Colocar esta mezcla en una olla con el laurel, cebolla y apio, y hervir por 10 minutos a fuego medio.

Agregar la langosta restante y cocinar por 5 minutos más; rectificar la sazón al gusto. Para servir, salpicar la crema con el perejil.

Sugerencia: acompañar con un vino blanco seco (grupo 5).

Cangrejo estofado

½ cebolla picada (125 g)
1 tallo de apio picado
4 cdas. (50 g) de mantequilla
½ cdita. de ajo picado
½ cdita. de perejil fresco finamente picado
½ lb (250 g) de carne de cangrejo
1 pan francés de 12 cm
1 huevo batido
sal y pimienta, al gusto
4 cdas. de queso parmesano rallado

En una sartén, derretir la mantequilla y dorar ligeramente la cebolla y el apio. Incorporar el ajo, la carne de cangrejo y el perejil; sin dejar de revolver, cocinar por 15 minutos.

Remojar el pan francés con agua, amasarlo a mano hasta obtener una masa uniforme y agregarla al recipiente con la carne de cangrejo, revolviendo hasta que se integre a la preparación. Dejar cocinar aproximadamente por 8 minutos más. Añadir el huevo, sal y pimienta, sin dejar de revolver.

Colocar la mezcla en refractarias individuales o en caparazones de cangrejos. Rociar con el queso y hornear a 175°C (350°F), por 20 minutos. Servir caliente.

Sugerencia acompañar con un vino blanco espumoso (grupo 9).

Tortillas de huevo con mejillones

24 mejillones grandes
4 cdas. (50 g) de mantequilla
6 cdas. de cebolleta picada
1 tallo de apio cortado en laminillas
8 champiñones cortados en laminillas
sal y pimienta, al gusto
8 huevos batidos con pimienta de Cayena al gusto
2 cdas. de perejil fresco picado
3 cdas. de hierbabuena
(2 cdas. picadas y 1 en hojitas)

En una olla hervir los mejillones con abundante agua, por 5 minutos. Retirar y dejar enfriar.

Separar la carne de las conchas. Descartar los mejillones que no se abrieron. Cortar la carne en mitades a lo largo.

Calentar la mitad de la mantequilla y dorar la cebolleta, mejillones, apio y champiñones. Salpimentar al gusto.

Para preparar las 4 tortillas, freir en una sartén engrasada con mantequilla el huevo batido, por tandas y reservarlas calientes en el horno mientras termina de cocinarlas todas.

Rellenar las tortillas con los mejillones, espolvorear con perejil y hierbabuena. Doblar las tortillas sobre el relleno y servir calientes decoradas con hojitas de hierbabuena.

Sugerencia: acompañar con un vino blanco joven (grupo 8).

Langosta gratinada al curry

2 langostas medianas
6 cdas. de crema de leche
8 cdas. de coco rallado
1 cda. de curry picante (si no tiene curry
picante, agregar un poco de pimienta
de cayena al curry común)
2/3 cdita. de sal
1 pizca de pimienta negra recién molida
1 pimiento verde, cortado en tronquitos
4 cdas. de chutney de mango

Retirar la carne de la langosta y cortarla en trozos. Distribuirlos en refractarias individuales, previamente engrasadas con mantequilla.

Aparte, en un recipiente, dorar 4 cucharadas de coco rallado hasta que tome un color canela; reservar.

Mezclar la crema con el coco restante, curry, sal y pimienta. Esparcir esta mezcla sobre la langosta y espolvorear encima con el coco dorado reservado.

Hornear a 200°C (400°F), por 15 minutos. Aumentar la temperatura hasta «asar» *(broil)* y dejar por 5 minutos más, o hasta dorar la superficie.

Servir decorado con los tronquitos de pimiento y el chutney de mango.

Sugerencia: acompañar con un vino blanco ligero (grupo 6).

Cebiche de pescado

Este plato debe prepararse
con 2 días de anticipación.

1 lb (500 g) de filetes de corvina (o cherna)
sin espinas, cortados en cubos
3 cebollas blancas medianas, cortadas en finas
rodajas y separadas en anillos
jugo colado de 10 limones grandes
1 cda. de sal
2 cditas. de pimienta negra recién molida
1 1/2 cdas. de salsa de tomate
1 1/2 cdas. de cilantro fresco picado
1 1/2 cdas. de perejil fresco picado
1 cda. de vinagre
1 cda. de salsa Perrin's
1/4 cdita. de azúcar
1/4 cdita. de comino en polvo
1 1/2 cditas. de salsa de Tabasco
4 clavos de olor
4 tallos de apio, cortados
en forma de flor, para decorar
4 pimientos rojos cortados
en forma de copa, para decorar (opcional).

Colocar los cubos de pescado en un recipiente de vidrio. Mezclar los ingredientes restantes con el pescado, revolviendo muy bien (el pescado debe estar cubierto con el jugo de limón). Si lo desea, puede añadir mas condimentos al gusto.

Dejar reposar en lugar fresco por 12 horas, y luego refrigerar.

Servir en copas decoradas sólo con apio o colocando el cebiche dentro de las «copas» de pimiento.

Sugerencia: acompañar con un vino blanco ligero (grupo 6).

Langostinos a la borgoñona

16 langostinos grandes, pelados,
lavados y desvenados
4 cdas. de miga de pan, para cubrir
ramitos de perejil, para decorar

Salsa:

8 cdas. (100 g) de mantequilla derretida
2 cditas. de ajo triturado
1/3 cdita. de sal
6 cdas. de perejil fresco finamente picado
1 pizca de pimienta negra recién molida

Colocar los langostinos en agua hirviendo, por 6 minutos; retirar, escurrir y distribuirlos en recipientes individuales para hornear.

En un mortero mezclar todos los ingredientes de la salsa, cubrir con ésta los langostinos y espolvorear encima un poco de miga de pan.

Hornear por 6 a 10 minutos, a temperatura máxima, o hasta dorar la superficie.

Nota: si lo desea, puede duplicar los ingredientes de la salsa y servir parte de ella en una salsera.

Sugerencia: acompañar con un vino blanco seco (grupo 5).

Ostras a mi estilo

2 docenas de ostras con sus conchas (abrir,
desprender la ostra y reservar las conchas)
8 cdas. de espinaca cocida al vapor
6 cdas. (80 g) de mantequilla
2 tallos de apio picados
4 cebollas largas picadas (sólo parte verde)
4 ramos de perejil, picados
4 filetes de anchoa
2 cdas. de salsa de tomate
1 huevo batido
4 cdas. de Pernod o licor anisado
4 cdas. de queso gruyere rallado
12 aceitunas verdes deshuesadas
1/4 cdita. de pimienta de Cayena
1 cdita. de sal

Cubierta:

2 cdas. de miga de pan
4 cdas. de queso gruyere rallado

Derretir la mantequilla y dorar el apio con la cebolla y el perejil. Colocar esta preparación en un ayudante de cocina y procesar con todos los ingredientes restantes, excepto las ostras y los de la cubierta, hasta obtener un puré.

Untar cada ostra con esta mezcla, colocarlas en su concha y disponerlas sobre una lata para hornear. Cubrir con la mezcla restante, espolvorear encima miga de pan y queso gruyere y gratinar en el horno a la temperatura de «asar» (broil), por 8 minutos.

Sugerencia: acompañar con un vino blanco espumoso (grupo 9).

Papas con anchoas y romero

4 papas grandes

Relleno:

4 cdas. (50 g) de mantequilla
1 cdita. de ajo finamente picado
2 cebollas finamente picadas
2 cditas. de romero picado
³/4 cdita. de sal
1/4 cdita. de pimienta de Cayena
10 filetes de anchoa finamente picados
4 cditas. de queso parmesano rallado

Pelar las papas dándoles una forma bonita. Cocinar al vapor (no deben quedar muy blandas); retirar y dejar enfriar. Cortar el extremo superior y retirar parte del interior con cuidado, para formar una cavidad.

Para preparar el relleno, calentar la mantequilla y dorar el ajo. Incorporar la cebolla, la mitad del romero, sal y pimienta. Retirar del fuego y agregar las anchoas, mezclando bien.

Rellenar la cavidad de las papas con la mezcla anterior; salpicar encima el romero restante y el queso parmesano.

Hornear a 200°C (400°F) por 12 minutos, o hasta dorar la superficie.

Sugerencia: acompañar con un vino blanco ligero (grupo 6).

Salmón ahumado

1/2 lb (250 g) de salmón ahumado
cortado en tajadas
2 cdas. de perejil fresco picado
2 limones cortados en mitades
4 cdas. de cebolla picada

Relleno:

3 oz (90 g) de queso crema
2 cdas. de aceite de oliva
2 cdas. de jugo de limón recién exprimido
1 cda. de eneldo picado
1 cda. de salsa de rábano picante
sal y pimienta, al gusto

Mezclar todos los ingredientes del relleno. Disponer las tajadas de salmón sobre platos de servir, colocar encima la mezcla del relleno, enrollar y salpicar con perejil.

Servir con cebolla picada y mitades de limón.

Sugerencia: acompañar con un vino blanco espumoso (grupo 9).

Terrine de mariscos

1 lb (500 g) de filetes de pargo rojo o cherna
1 cebolla roja picada
1 1/2 cditas. de sal
1/2 cdita. de pimienta negra recién molida
3 huevos
4 cdas. de vino blanco
4 cdas. de crema de leche
1/4 lb (125 g) de carne de langosta
cortada en trocitos
1/4 lb (125 g) de langostinos limpios
cortados en trocitos
1/4 lb (125 g) de vieiras (veneras)
cortadas en trocitos
1 cdita. de eneldo picado
1 cda. (13 g) de mantequilla
rodajas de limón, para acompañar
4 tomates cherry cortados en forma
de flor, para acompañar
salsa tártara (opcional), para acompañar

Moler el pescado con la cebolla y salpimentar ligeramente. Colocarlo en una batidora y batir agregando poco a poco los huevos, el vino y la crema.

Engrasar con mantequilla un molde para hornear, y salpicar el fondo con el eneldo. Salpimentar los trocitos de mariscos. Disponer el pescado y los mariscos por capas en el molde, en el siguiente orden: pescado, langosta, pescado, langostino, pescado y vieiras.

Hornear a 175°C (350°F) hasta dorar ligeramente la superficie; cubrir el molde con papel aluminio y continuar la cocción por 1 hora más. Retirar del horno, dejar enfriar, refrigerar, desmoldar y cortar en tajadas.

Servir frío, acompañado con rodajas de limón, tomates y, si lo desea, salsa tártara.

Sugerencia: acompañar con un vino blanco joven (grupo 8).

Caviar

1 frasco de caviar de 3 o 4 oz (120 g)
16 tajadas de pan blanco, suavemente tostadas
3 tallos de apio, cortados en tiras finas y largas
3 zanahorias, cortadas en tiras finas y largas

Retirar y descartar las cortezas de las tostadas Cortar cada una en cuatro y reservar calientes.

Disponer hielo triturado en platos grandes y colocar encima otros platos más pequeños con el caviar en forma de cúpula, para mantenerlo bien frío. Decorar los bordes con las tiras de apio y zanahoria. Acompañar con las tostadas reservadas

Sugerencia: acompañar con un vino blanco espumoso (grupo 9).

Nido de berenjenas con cangrejo

Ver fotografía en la pág. 17

1 1/4 lb (625 g) de berenjenas,
peladas y cortadas en rodajas
de 1/2 cm de grosor • 1 huevo batido
1 cda. de mostaza amarilla
3/4 cdita. de sal • 1/2 cdita. de pimienta
harina de trigo en cantidad suficiente
para rebozar • aceite para freír
tomates pequeños cortados
en mitades, para decorar

Relleno de cangrejo:

1/2 lb (250 g) de carne de cangrejo
1 tallo de apio finamente picado
2 cdas. de miga de pan
1 huevo batido
2 cdas. (25 g) de mantequilla
1/2 cdita. de sal • 1/4 cdita. de pimienta
1/4 cdita. de pimienta de Cayena
1 cdita. de salsa Perrin's

Para quitar el sabor amargo de las berenjenas, colocarlas en un colador rociadas con abundante sal; dejarlas por 20 minutos para eliminar los jugos, luego enjuagarlas con mucha agua, escurrir y secar con toallas de papel. Aparte, batir el huevo con la mostaza, sal y pimienta; reservar.

Calentar el aceite; pasar las rodajas de berenjenas por el huevo y luego por la harina. Freír hasta que estén doradas por ambos lados. Escurrir sobre toallas de papel y colocarlas en refractarias individuales, formando un "nido".

Para preparar el relleno, mezclar todos los ingredientes y rectificar la sazón al gusto. Rellenar los «nidos» y hornear a 175°C (350°F), por 30 minutos. Servir decorado con mitades de tomate.

Sugerencia: acompañar con un vino blanco espumoso (grupo 9).

Sopa de mejillones a mi estilo

24 mejillones grandes, muy bien lavados
1 1/2 cditas. de harina de trigo
3 1/4 tazas de caldo de pescado (ver pág. 136)
1/4 lb (125 g) de cebollas rojas, cortadas
en rodajas y separadas en anillos
3 tallos de apio cortados en trocitos
1 taza de crema de leche espesa
3/4 cdita. de sal
1/2 cdita. de pimienta negra recién molida
1 1/2 cditas. de pasta de tomate
1/2 cdita. de finas hierbas
3 cdas. de vino blanco

Licuar la harina con el caldo y colocar en una olla grande con los ingredientes restantes, excepto los mejillones. Hervir a fuego medio, por 10 minutos, revolviendo con frecuencia.

Incorporar los mejillones y dejar hervir por 15 minutos más, antes de servir.

Nota: al servir, se debe tener cuidado de no recoger del fondo del recipiente los granos de arena que pueden soltar los mejillones.

Sugerencia: acompañar con un vino blanco seco (grupo 5).

Hígados con salsa de mango

Ver fotografía en la pág. 18

4 hígados grandes de ganso, pato o pollo
1 cdita. de sal
1 cdita. de finas hierbas
2 cdas. de perejil
1 mango semimaduro pelado
1 pizca de pimienta
1 cdita. de azúcar granulada
1 cdita. de fécula de maíz
1 pizca de jengibre en polvo
1 cda. de cognac
3 cdas. (40 g) de mantequilla

Hervir 4 tazas de agua con sal, finas hierbas y perejil, por unos minutos. Incorporar los hígados y dejar hervir por 3 o 4 minutos como máximo. Retirar con cuidado y escurrir.

Cortar toda la pulpa del mango, reservando 4 tajadas delgadas. Licuar la pulpa con un poco de agua hasta obtener un sorbete espeso; colar para separar la fibra y colocar en una sartén con la pimienta, el azúcar, la fécula y el jengibre. Cocinar hasta que espese, sin dejar de revolver.

Añadir el cognac a la salsa y rectificar la sazón, si fuera necesario.

En otra sartén derretir la mantequilla y dorar ligeramente los hígados. Retirar a una fuente de servir, rociar con la salsa y decorar con las tajadas de mango reservadas.

Sugerencia: acompañar con un vino blanco licoroso (grupo 7).

Champiñones rellenos con jamón

4 porciones abundantes de setas
(o champiñones) del tamaño
más grande posible
3 oz (90 g) de tocineta picada
3 oz (90 g) de jamón picado
1/4 cdita. de hinojo picado
sal y pimienta, al gusto
1 1/2 cdas. de aceite
1/2 cubo (6 g) de caldo de gallina concentrado
6 cdas. de crema de leche espesa
1 taza de leche
4 cdas. de queso parmesano rallado

Separar con cuidado los tallos de las setas (o champiñones). Picarlos finamente y reservar los sombreros para rellenar.

En un recipiente, sofreír la tocineta. Agregar el jamón, los tallos picados y el hinojo. Salpimentar al gusto y dejar dorar; retirar y reservar.

Calentar el aceite en una sartén y dorar los sombreros de las setas. Retirar, escurrir y colocarlos sobre una fuente para hornear. Rellenar las cavidades con la fritura de tocineta.

Mezclar los jugos de cocción del recipiente y sartén con el caldo de gallina, la crema y la leche. Dejar hervir hasta que espese. Salpimentar al gusto y rociar las setas rellenas con esta mezcla.

Espolvorear con el queso parmesano y gratinar en horno a 150°C (375°F), por 15 minutos. Servir de inmediato.

Sugerencia: acompañar con un vino tinto joven (grupo 3).

Pâté de perdiz

1/2 lb (250 g) de hígados de pato o pollo
1 lb (500 g) de perdices campesinas
2 oz (60 g) de tocino finamente picado
4 cdas. (50 g) de mantequilla
2 cebollas medianas finamente picadas
1/2 cdita. de pimienta
1/2 cdita. de nuez moscada
5 hojas de laurel
1 cdita. de azúcar
4 clavos de olor
1/2 taza de vino tinto
1/2 cubo (6 g) de caldo de carne concentrado
1/4 taza de agua
sal al gusto
4 aceitunas negras deshuesadas,
cortadas en tronquitos

Despresar las perdices con cuidado, sin quebrar los huesos. Remojar los hígados en agua. Con un cuchillo retirar los nervios, cortarlos en mitades y escurrir en un colador.

En una olla destapada, derretir la mantequilla a fuego bajo y agregar los ingredientes restantes, excepto las aceitunas. Dejar cocinar por 45 minutos, revolviendo de vez en cuando para que no se pegue al fondo. Retirar del fuego, dejar enfriar; descartar el laurel y los clavos. Retirar las presas de perdiz y deshuesarlas con cuidado.

Colocar toda la preparación en un procesador y trabajar hasta obtener una pasta. Revolver con las aceitunas y cocinar al baño maría por 1/2 hora. Verter la pasta en un molde y cubrir con papel aluminio. Refrigere por 24 horas.

Sugerencia: acompañar con un vino rosado (grupo 4).

Medallones de cordero con manzana

3 manzanas rojas peladas, sin corazón
y cortadas en rodajas
1/2 lb (250 g) de carne de cordero cortada en
medallones pequeños y finos
1/4 taza de aceite de oliva
1 cebolla finamente picada
2 cdas. de zanahoria finamente picada
1 tallo de apio finamente picado
1/2 cdita. de ajo picado
1/4 cdita. de laurel en polvo
1/4 cdita. de pimienta
3/4 cdita. de sal
1/4 taza de vino oporto

Colocar las tajadas de manzana en un recipiente engrasado con mantequilla y hornear a 185°C (375°F) por 10 minutos. Retirar a una bandeja de servir y reservar caliente.

En una sartén, colocar los ingredientes restantes, excepto el vino, y dorar los medallones de cordero hasta el término de cocción preferido, a fuego medio. Incorporar el vino, revolviendo.

Disponer los medallones sobre las rodajas de manzana, rociar con la salsa y servir caliente.

Sugerencia: acompañar con un vino tinto de cuerpo (grupo 1).

Mollejitas al curry

1 lb (500 g) de mollejas de pollo
1 taza de caldo de gallina (ver pág. 136)
1 taza de agua
2 cdas. de perejil fresco picado
2 cebollas largas picadas (sólo parte verde)
1/2 cdita. de comino en polvo
8 cdas. de coco rallado
8 tajadas de mango maduro, para acompañar

Salsa:

2 cdas. de aceite de oliva
2 cditas. de curry
1/4 cdita. de pimienta de Cayena
2 cdas. de crema de leche
3 cdas. del caldo de cocción de las mollejas
2 cdas. de uvas pasas
sal y pimienta, al gusto

En una olla con tapa, combinar el caldo con el agua, perejil, cebolla y comino. Incorporar las mollejas y dejar cocinar hasta que estén blandas. Retirar, escurrir y reservar.

Para preparar la salsa, calentar el aceite en un recipiente, añadir el curry, revolver e incorporar los ingredientes restantes. Revolver nuevamente, salpimentar al gusto y retirar del fuego.

Disponer las mollejas en refractarias individuales, cubrir con la salsa y espolvorear encima con el coco rallado. Hornear a 175°C (350°F), por 15 minutos.

Servir de inmediato, con tajadas de mango.

Sugerencia: acompañar con un vino blanco licoroso (grupo 7).

Huevos gratinados a la paprika

4 huevos (u 8 huevos de codorniz)
1 cdita. de paprika
1 cda. de crema de leche
1 cda. (13 g) de mantequilla
1/2 cda. de mostaza
4 filetes de anchoa
sal y pimienta, al gusto
4 cdas. de queso gruyere rallado
tiritas de pimientos de varios colores,
para decorar

Salsa:

1 taza de leche
1/2 cubo (6 g) de caldo de gallina concentrado
3 cdas. (40 g) de mantequilla
1 cda. de harina de trigo • 1 cdita. de paprika

Colocar los huevos en un recipiente con agua fría y dejar hervir por 10 minutos. Retirar, dejar enfriar y pelar. Con cuidado cortar en mitades a lo largo, retirar la yema y colocar las claras en recipientes individuales para hornear, con la cavidad de la yema hacia arriba.

Mezclar las yemas con la paprika, crema, mantequilla, mostaza y anchoas, hasta obtener una pasta homogénea. Salpimentar y rellenar las claras con esta mezcla.

Para preparar la salsa, primero calentar la leche y disolver el caldo de gallina en ella. Aparte, en una sartén, calentar la mantequilla, mezclar con la harina poco a poco y cocinar por 3 minutos. Incorporar la paprika y revolver gradualmente con la leche. Rectificar la sazón y dejar espesar un poco. Rociar los huevos rellenos con esta salsa, salpicar encima con el queso rallado y gratinar por 10 minutos en horno a 175°C (350°F).

Servir de inmediato, decorado con tiritas de pimiento.

Sugerencia: acompañar con un vino blanco ligero (grupo 6).

Pâté de hígado con setas

1 lb (500 g) de hígados de ganso, pato o pollo
2 setas medianas deshidratadas
1/2 sobre (4 g) de gelatina sin sabor
1/2 taza de vino blanco caliente
6 cdas. de mantequilla
3 oz (90 g) de tocino finamente picado
2 cebollas medianas finamente picadas
1/3 cdita. de nuez moscada rallada
3 hojas de laurel • 1 cda. de azúcar granulada
5 clavos de olor enteros
1 1/2 cdas. de brandy • sal al gusto
ramitas de perejil, para decorar

Remojar los hígados en agua. Con un cuchillo retirar los nervios, cortarlos en mitades y escurrir en un colador.

Hidratar las setas en agua caliente, por varias horas, hasta ablandar. Retirar, escurrir y cortar en trocitos. Disolver la gelatina en el vino caliente.

En una olla destapada, derretir la mantequilla a fuego bajo y agregar el tocino, cebolla, pimienta, nuez moscada, laurel, azúcar, clavos de olor e hígados. Dejar cocinar por 45 minutos, revolviendo frecuentemente para que no se pegue al fondo. Retirar del fuego, dejar enfriar; descartar el laurel y los clavos.

Retirar los hígados y procesar hasta obtener una pasta. Pasar a un recipiente y revolver con las setas y el brandy. Rectificar la sazón. Cocinar la pasta al baño maría por 30 minutos. Congele un molde desechable metálico previamente engrasado con mantequilla.

Verter el *pâté* en el molde, cubrir con papel aluminio y refrigerar por 24 horas; para desmoldar, sumergir el molde en agua caliente e invertir sobre una bandeja de servir. Decorar con ramitas de perejil.

Sugerencia: acompañar con un vino blanco licoroso (grupo 7).

Caracoles en papillote

12 caracoles (escargots)
4 cditas. de ajo picado
4 cdas. de perejil fresco picado
1 cdita. de sal
1/3 cdita. de pimienta
1/4 cdita. de jugo de limón
8 cdas. (104 g) de mantequilla
4 hojas dobles de phyllo (ver nota)

Lavar y escurrir los caracoles; cortarlos en mitades y reservar.

En un mortero, moler el ajo con el perejil, sal, pimienta y jugo de limón; dorar en un poco de mantequilla caliente. Retirar y dejar enfriar.

Engrasar con mantequilla una lata para hornear y disponer encima 4 hojas de *phyllo* del tamaño de un pañuelo. Colocar 6 mitades de caracol sobre cada hoja, rociar con la salsa y envolver con la masa, sellando bien los bordes. Rociar encima con mantequilla derretida.

Hornear a 200°C (400°F), por 15 minutos. Servir con pan francés.

Nota: también se puede utilizar masa de hojaldre estirada muy fina. En este caso, rociar con más cantidad de mantequilla derretida

Sugerencia: acompañar con un vino blanco (grupo 5).

Pechugas «príncipe hindú»

1 lb (500 g) de pechuga de pollo
1 taza de vino blanco
1 taza de agua
1/4 cdita. de jengibre en polvo
2 clavos de olor
1/2 cubo (6 g) de caldo de gallina concentrado
2 cdas. de perejil picado
2 aguacates medianos cortados en mitades
6 cdas. de pistachos finamente picados
1 melón rosado

Salsa:

1/2 taza del caldo de cocción
2 huevos
2 cdas. de jerez
1/2 cdita. de ajo triturado
1 cda. de miel de abejas
1 cda. de mostaza Dijon
1/4 cdita. de curry
sal y pimienta al gusto

Cortar las pechugas en tiras a lo largo y colocarlas en una olla con el vino, agua, jengibre, clavos, perejil y caldo de gallina. Cocinar por 1/2 hora (no debe secarse. Si fuera necesario, agregar un poco más de agua). Retirar y dejar enfriar. Reservar 1/2 taza del caldo para la salsa.

Una vez fría, deshilachar la carne de pollo. Cocinar los huevos en agua hirviendo por 6 minutos. Retirar, dejar enfriar y pelar.

Procesar los huevos con los ingredientes restantes de la salsa, hasta obtener una pasta suave. Rectificar la sazón.

Rellenar las mitades de aguacate con el pollo y la salsa; salpicar encima los pistachos. Servir frío, con tajadas de melón rosado.

Sugerencia: acompañar con un vino tinto ligero (grupo 2).

Chicharroncitos de Zoila

4 tazas de chicharrones fritos picados, con la grasa
2 cdas. de aceite de oliva
1 cebolla cortada en finas rodajas
1 cdita. de ajo picado
1/2 chile rojo y 1/2 verde, sin semillas y picados
1/4 cdita. de chile en polvo
1 cda. de hierbas surtidas (tomillo, orégano, comino, laurel, etc.)
3/4 taza de salsa verde mexicana (ver pág. 98)
2 tazas de agua
pimienta de Cayena al gusto

Calentar el aceite en una olla y dorar ligeramente la cebolla ajo y chiles. Incorporar los ingredientes restantes, revolver y cocinar hasta que el cuero de los chicharrones se ablande. Si fuera necesario, agregar un poco de agua.

Rollos de pollo
y espinaca

1 lb (500 g) de pechuga de pollo
1/2 cubo (6 g) de caldo de gallina concentrado
1/2 cdita. de hierbas de provincia
1/2 paquete (140 g) de espinaca
4 cdas. de queso gruyere rallado
8 cdas. (100 g) de mantequilla
1 cdita. de ajo triturado
3 cdas. de crema de leche
1 cda. de mostaza
1 cda. de salsa de tomate
1 cdita. de ajedrea en polvo
1/2 cdita. de tomillo picado • sal y pimienta, al gusto
masa phyllo o de hojaldre, cantidad suficiente
16 rábanos rojos pequeños.

Cortar las pechugas en tiras largas y cocinarlas por 20 minutos en poca agua, con caldo y hierbas. Retirar, escurrir, enfriar y deshilachar la carne. Cocinar las espinacas al vapor; retirar, enfriar, salpimentar y mezclar con el queso.

Derretir la mitad de la mantequilla y dorar ligeramente al ajo. Incorporar la pechuga y dorar por 5 minutos más. Agregar la crema, mostaza, salsa de tomate, ajedrea y tomillo, revolviendo hasta que espese. Enfriar y salpimentar al gusto.

Cortar 8 tiras de masa *phyllo* del tamaño de medio pañuelo. Para armar los rollos, untar las tiras de masa phyllo con mantequilla derretida, esparcir una capa delgada de espinaca con queso, cubrir con otra hoja de masa, untar nuevamente con mantequilla, cubrir con pechuga de pollo y luego enrollar, con cuidado, sellando bien los extremos laterales para que no salga el relleno.

Disponer los rollos sobre una bandeja; rociarlos con un poco de mantequilla y hornear a 175°C (350°F) por 15 minutos, o hasta que estén dorados. Servir de inmediato, con rábanos rojos cortados en forma de flor, alrededor.

Sugerencia: acompañar con un vino blanco ligero (grupo 6).

Tomates
con Mozzarella
y salami

Ver fotografía en la pág. 19

4 tomates rojos grandes
1 taza de queso Mozzarella rallado
1 cda. de orégano
1/4 lb (125 g) de salami
12 aceitunas negras grandes deshuesadas

Sumergir los tomates en agua hirviendo por 4 minutos; retirar, dejar enfriar y pelar. Cortarlos de arriba a abajo en mitades y retirar la pulpa con una cucharita, para que queden en forma de conchas.

Colocarlos con la cavidad hacia arriba en una refractaria y rellenar con el queso. Espolvorear encima con el orégano y hornear a 230°C (400°F), por 10 minutos. Servir tibios, decorados con unas hojitas de orégano, tajadas de salami y aceitunas.

Sugerencia: acompañar con un vino tinto joven (grupo 3).

Caviar de berenjenas

3/4 lb (375 g) de berenjena pelada,
despuntada y cortada en tajadas
1/2 taza de aceite de oliva
1/3 cdita. de pimienta
1/2 cda. de vinagre
1/2 cdita. de sal
1/4 lb (125 g) de calabacines pelados
4 tomates maduros
8 aceitunas negras deshuesadas
2 cdas. de cebolla picada
tostaditas de pan blanco, para acompañar

Para quitar el sabor amargo de las berenjenas, colocar las tajadas en un colador rociadas con abundante sal; dejarlas por 20 minutos a 1/2 hora para eliminar los jugos, luego enjuagarlas con agua, escurrir y secar con toallas de papel.

Calentar parte del aceite en una sartén, a fuego medio, y freír las tajadas de berenjenas por ambos lados, hasta que estén blandas. Retirar, escurrir y licuar con la pimienta. Agregar gradualmente el aceite restante y el vinagre y licuar nuevamente hasta que esté bien líquido. Rectificar la sazón.

Aparte, cocinar los calabacines en agua salada, por 20 minutos. Retirar, escurrir y licuar con la preparación anterior.

Sumergir los tomates en agua hirviendo por unos minutos; retirar y pelar. Cortar un extremo y retirar parte de la pulpa interior con una cucharita. Colocarlos en los platos de servir.

Mezclar la cebolla con el caviar y rellenar los tomates. Decorar cada tomate con 1 aceituna entera y con las restantes cortadas en tajadas gruesas. Colocar tostaditas de pan blanco a los costados y servir.

Sugerencia: acompañar con un vino tinto de cuerpo (grupo 1).

Champiñones sobre tostadas

1 lb (500 g) de champiñones
lavados y escurridos
4 cdas. de aceite de oliva
1 cdita. de ajo picado
1 cebolla mediana picada
1 1/2 cditas. de sal
1/4 cdita. de pimienta
1 cubo (12 g) de caldo de carne
concentrado, desmenuzado
1/2 taza de miga de pan sin corteza
8 tostadas de pan blanco, calientes

Calentar el aceite en una sartén y dorar el ajo; agregar la cebolla, sal, pimienta, caldo concentrado y champiñones. Revolver y dejar cocinar por 5 minutos. Agregar la miga de pan y continuar la cocción por 5 minutos más.

Disponer las tostadas calientes sobre los platos, distribuir encima la mezcla de champiñones y servir de inmediato.

Sugerencia: acompañar con un vino tinto ligero (grupo 2).

Barquillos de hortalizas

8 cdas. (100 g) de mantequilla
1 cdita. de ajo triturado
4 flores de coliflor, cocidas al vapor
4 ramos de brócoli, cocidos al vapor
4 corazones de alcachofa, cortados en 4
4 champiñones grandes, cortados en 4
1 puñado de guisantes, desvenados
1/2 paquete (140 g) de espinaca, cocida al vapor
3 cdas. de crema de leche
1 cda. de mostaza
1 cda. de salsa de tomate
1 1/2 cditas. de hierbas de provincia
sal y pimienta, al gusto
4 cdas. de queso gruyere rallado
masa phyllo o de hojaldre, cantidad suficiente

Derretir la mitad de la mantequilla y dorar ligeramente el ajo. Agregar las hortalizas, excepto la espinaca, y dorar por 10 minutos. Incorporar la crema, mostaza, salsa de tomate y hierbas. Enfriar y salpimentar al gusto. Reservar.

Mezclar la espinaca con el queso y reservar.

Cortar 8 tiras de masa *phyllo*, del tamaño de medio pañuelo.

Para armar los barquillos, untar la masa con mantequilla derretida, cubrir con una fina capa de espinaca, colocar encima otra tira de masa untada con mantequilla y por último, una capa de hortalizas. Enrollar con cuidado, sellando los extremos laterales para que no salga el relleno.

Disponer los barquillos en una lata, rociar con mantequilla y hornear a 175°C (350°F), por 15 minutos, o hasta que se doren.

Servir de inmediato.

Sugerencia: acompañar con un vino blanco ligero (grupo 6).

Crema de berros

2 huevos bien batidos, salpimentados
1 cda. (13 g) de mantequilla
1 lb (500 g) de berros picados
(reservar unas hojas para decorar)
1 cebolla larga picada (sólo parte verde)
1 cdita. de fécula de maíz
1 taza de caldo de gallina (ver pág. 136)
2 1/2 tazas de leche
3/4 cdita. de sal
1 taza de crema de leche espesa
1/4 cdita. de pimienta molida
1/2 cdita. de albahaca picada

Calentar la mantequilla en una sartén, verter un poco de huevo y freír hasta obtener una tortilla delgada. Repetir el proceso anterior hasta terminar con todo el huevo batido. Cortar las tortillas en tiras largas y angostas. Reservar.

Licuar juntos los berros, cebolla, fécula, caldo, leche y sal. Verter en una olla y cocinar por 20 minutos con la crema, pimienta y albahaca. Rectificar la sazón.

Servir caliente, decorada con tiras de huevo y hojas de berro.

Corazones de alcachofa gratinados

8 alcachofas
2 cdas. (26 g) de mantequilla
2 cdas. de cebolla finamente picada
2 cdas. de crema de leche
1/2 cdita. de albahaca picada
1 pizca de pimienta de Cayena
sal y pimienta, al gusto
3 cdas. de queso parmesano rallado
1 cda. de miga de pan

Cocinar las alcachofas en agua salada hirviendo, por 15 minutos; retirar, enfriar y quitar las hojas. Eliminar la pelusa que está sobre los corazones y cortar éstos en mitades.

En una sartén, derretir la mantequilla y dorar la cebolla. Revolver con la crema, albahaca y pimienta de Cayena. Continuar la cocción por unos minutos y retirar del fuego. Salpimentar.

En recipientes individuales para hornear, colocar los corazones, rociar con la salsa y espolvorear con una mezcla de queso y miga de pan.

Hornear a 200°C (400°F) por 7 a 10 minutos, o hasta dorar la superficie. Servir de inmediato.

Sugerencia: acompañar con un vino banco seco (grupo 5).

Alcachofas griegas

8 alcachofas
4 cdas. (50 g) de mantequilla
2 cdas. de nueces molidas
2 cdtas. de sal
1/2 cdita. de pimienta
1/2 cdita. de tomillo picado
3 cdas. de vinagre
1 cdita. de azúcar

Retirar a mano las primeras 4 o 5 hileras de hojas de las alcachofas y reservarlas. Con un cuchillo afilado, cortar la parte superior de las hojas restantes, para poder sacar, con una cucharita, la pelusa que está sobre el corazón.

Hervir las alcachofas en un poco de agua salada, por 20 minutos; retirar, escurrir y colocarlas en un recipiente de servir; reservar calientes.

Aparte, derretir la mantequilla e incorporar las nueces, sal, pimienta y tomillo. Retirar del fuego y rociar sobre las alcachofas. Mezclar el vinagre con el azúcar y rociar sobre las alcachofas.

Servir de inmediato.

Sugerencia: acompañar con un vino blanco ligero (grupo 6).

Champiñones
en conserva «Álvaro»

Ver fotografía en la pág. 20

Este plato debe prepararse
con 2 semanas de anticipación.

1¹/₂ lb (750 g) de champiñones grandes lavados
3 dientes de ajo enteros
1 diente de ajo triturado
3 hojas de laurel
7 clavos de olor
¹/₂ cdita. de pimienta de Cayena
4¹/₂ cdas. de aceite de oliva
1 cdita. de sal
¹/₂ cdita. de pimienta negra recién molida
2¹/₂ cdas. de pasta de tomate
¹/₄ cdita. de paprika picante
¹/₂ taza de vino Madeira
¹/₄ taza de agua
³/₄ cdita. de sal de roca

Separar los tallos de los champiñones. En una olla
con tapa, colocar todos los ingredientes y cocinar por 20 minutos, revolviendo frecuentemente para que no se peguen al fondo.

Destapar y continuar la cocción por 15 minutos
más; retirar del fuego y dejar enfriar.

Refrigerar dentro de un frasco de vidrio, por 2 o
3 semanas. Servir en copas de cristal, con tostaditas de pan blanco.

Sugerencia: acompañar con un vino blanco
seco (grupo 5).

Bananos al curry

3 bananos semimaduros
1 cda. de curry
4 cdas. de coco rallado
2 cdas. de miga de pan
1 cda. de chutney de mango
2 cdas. de aceite de oliva
¹/₂ taza de crema de leche
¹/₂ taza de leche

Pelar los bananos y cortarlos a lo largo, en 4 partes y luego por la mitad.

Engrasar con mantequilla una refractaria o recipientes individuales. Disponer las tiras de banano en refractaria.

Licuar la crema con el curry, leche, miga y chutney. Calentar el aceite en una sartén y freír el coco
hasta dorar; revolver con el licuado de crema y
cocinar por 5 minutos más. Rociar el banano con
esta mezcla y hornear a 200°C (400°F), por 10
minutos.

Servir caliente.

Sugerencia: acompañar con un vino blanco licoroso (grupo 7).

Espárragos gratinados al estragón

4 porciones abundantes de espárragos
1/2 taza de crema de leche
2 cditas. de harina de trigo
4 cditas. de estragón fresco picado (o 2 cditas.
de estragón deshidratado desmenuzado)
2 cditas. de queso parmesano rallado
3/4 cdita. de sal
1/4 cdita. de pimienta
2 cdas. (25 g) de mantequilla
1 puerro finamente picado
1 huevo batido

Recortar el tallo de los espárragos. Hervir agua en una olla grande, colocar los espárragos parados con las puntas fuera del agua y cocinar hasta que ablanden. Retirar, escurrir y disponerlos sobre un recipiente para hornear. Reservar un poco del agua de cocción.

Aparte, mezclar la crema con la harina, estragón, queso, sal y pimienta (si queda muy espesa, agregar un poco del agua de cocción reservada).

Verter en una olla pequeña y calentar sin dejar hervir.

En una sartén, derretir la mantequilla y dorar el puerro hasta que pierda su transparencia. Incorporar la mezcla de crema y el huevo batido, revolviendo. Rociar esta salsa sobre los espárragos, y hornear a 185°C (375°F) por 12 minutos, o hasta que la salsa comience a hervir. Servir de inmediato.

Sugerencia: acompañar con un vino blanco ligero (grupo 6).

Crema de champiñones

3 tajadas de pan de molde sin corteza,
cortadas en tiras largas y angostas
2 cdas. (26 g) de mantequilla
1/2 cdita. de pimienta de Cayena
1 lb (500 g) de champiñones
1 cdita. de fécula de maíz
1 taza de caldo de carne (ver pág. 136)
2 1/2 tazas de leche
3/4 cdita. de sal
1 taza de crema de leche espesa
1/4 cdita. de pimienta
1/2 cdita. de estragón

Derretir la mantequilla y mezclar con la pimienta de Cayena; untar las tiras de pan y hornear hasta dorarlas. Reservar.

Cortar una cuarta parte de los champiñones en laminillas; picar otra cuarta parte y licuar los restantes con la fécula, caldo, leche y sal. Verter esta preparación en una olla y mezclar con los champiñones tajados y picados, crema, pimienta y estragón. Cocinar a fuego medio por 25 minutos, revolviendo con frecuencia.

Servir caliente, decorada con las tiras de pan.

Flor de cebolla «New Orleans»

4 cebollas blancas grandes, peladas
1 huevo batido • 2 cditas. de harina de trigo
1/4 cdita. de sal • 1/4 cdita. de pimienta
aceite, cantidad suficiente

Salsa:

1/2 cubo (6 g) de caldo de gallina concentrado
5 cdas. de leche hirviendo
8 cdas. de mayonesa
3/4 cda. de salsa de tomate
1 cda. de mostaza amarilla
1 cda. de azúcar morena
1/4 cdita. de sal
1/4 cdita. de pimienta de Cayena
2 cditas. de salsa para asar carnes
1/4 cdita. de paprika
1 cdita. de salsa de rábano picante

Cortar la base y la parte superior de las cebollas para poder mantenerlas paradas. Realizar cortes verticales sin llegar a la base, para formar «pétalos» (como de caléndula), y separarlos con suavidad para que no se rompan. Reservar.

Para preparar la salsa, diluir el caldo concentrado en la leche y mezclar con los ingredientes restantes. Verter en una sartén y cocinar a fuego medio hasta que espese, sin dejar de revolver. Reservar.

Mezclar el huevo batido con la harina, sal y pimienta. Calentar aceite en una olla y colocar las cebollas (el aceite debe cubrirlas). Verter el huevo batido dentro de los «pétalos» y freír hasta que las cebollas pierdan su transparencia.

Servir frías o calientes, en platos individuales, rociadas con la salsa reservada.

Sugerencia: acompañar con un vino blanco ligero (grupo 6).

Crema de coliflor

1/2 taza de papas peladas y cortadas en tiritas
sal al gusto
aceite suficiente para freír
1 lb (500 g) de coliflor picada
1 cdita. de fécula de maíz
1 taza de caldo de gallina (ver pág.136)
2 1/2 tazas de leche
3/4 cdita. de sal
1 taza de crema de leche espesa
1/4 cdita. de pimienta
2 cditas. de salsa Perrin's

Calentar el aceite en una sartén y freír las tiritas de papas. Rociar con poca sal, retirar, escurrir sobre toallas de papel y reservar calientes.

Licuar la coliflor con la fécula, caldo, leche y sal. Verter en una olla, mezclar con la crema, pimienta y salsa Perrin's. Cocinar por 25 minutos y rectificar la sazón al gusto.

Servir caliente, salpicada con las tiritas de papa.

Deditos de berenjena

*1¼ lb (625 g) de berenjenas
cortadas en tiras largas
suficiente sal
2 huevos batidos
½ taza de leche
¼ cdita. de pimienta
½ cdita. de sal
8 gotas de salsa Tabasco
10 cdas. de miga de pan
½ cdita. de sal
1 cdita. de pimienta
½ cdita. de pimienta de Cayena
harina de trigo para rebozar
aceite de maní para freír
salsa tártara o de rábano picante,
para acompañar*

Para quitar el sabor amargo de las berenjenas, colocar las tiras en un colador rociadas con abundante sal; dejarlas por 20 minutos para eliminar los jugos, luego enjuagarlas con agua fría, escurrir y secar con toallas de papel. Reservar.

Aparte, mezclar los huevos con la leche, ½ cdita. de sal, ¼ cdita. de pimienta y salsa Tabasco.

Mezclar la miga de pan con ½ cdita. de sal, 1 cdita. de pimienta y ½ cdita. de pimienta de Cayena.

Calentar el aceite. Pasar las tiras de berenjenas primero por harina, luego por la mezcla de huevo y por último por la miga de pan.

Freír la berenjena hasta dorar, retirar y escurrir sobre toallas de papel.

Servir calientes, con salsa tártara o de rábano picante.

Sugerencia: acompañar con un vino tinto de cuerpo (grupo 1).

Crema de lentejas

*½ libra (250 g) de lentejas
(remojadas en abundante agua,
mínimo 4 tazas, desde la víspera)
10 tiras de tocineta ahumada cortada en tiras
2 cdas. de aceite de oliva
½ cdita. de ajo triturado
½ tomate picado
3 cebollas largas picadas (sólo parte verde)
¾ cdita. de sal
⅔ cdita. de pimienta
¼ cdita. de comino en polvo
½ taza de crema de leche*

Dorar las tiras de tocineta en una sartén; retirar, escurrir sobre toallas de papel y reservar.

Calentar el aceite en una olla y dorar el ajo, el tomate y la cebolla. Incorporar las lentejas con el agua (mínimo 4 tazas) y los ingredientes restantes, excepto la crema. Hervir hasta que se ablanden, retirar del fuego, dejar enfriar, licuar y colar (deben quedar mínimo 3½ tazas).

Verter en la olla y calentar nuevamente. Revolver con la crema de leche y servir caliente, salpicada con las tiras de tocineta.

Tahine con garbanzos

1 taza de garbanzos precocidos enlatados
3 cdas. del líquido de la lata de garbanzos
1 cda. de cebolla finamente picada
1/2 cdita. de ajo triturado
1 1/2 cdas. de perejil fresco picado
2 cdas. de jugo de limón
1 cdita. de sal
1 pizca de pimienta
2 cdas. de tahine (ver nota)
pan pita o tostadas, cantidad suficiente

Licuar o procesar todos los ingredientes, hasta obtener una pasta suave y cremosa. Si lo desea, puede agregar más *tahine* o ajo, al gusto.

Servir con pan o tostadas, para untar.

Nota: el *tahine* es una pasta de ajonjolí molido con su aceite.

Sugerencia: acompañar con cualquier buen vino Retsina.

Gazpacho

Ver fotografía en la pág. 21

3 oz (90 g) de pimiento
5 oz (150 g) de tomate maduro pelado,
sin semillas
6 oz (180 g) de pepino cohombro
3 oz (90 g) de miga de pan
3/4 cdita. de ajo triturado
3/4 cdita. de comino en polvo
2 1/2 cdas. de mayonesa
2 1/2 cdas. de vinagre
2 1/2 tazas de caldo de carne (ver pág. 136)

Guarnición:

2 oz (60 g) de pimiento pelado, picado
2 oz (60 g) de pepino cohombro pelado, picado
3 oz (90 g) de cebolla pelada, picada
4 oz (120 g) de tomate maduro pelado, picado
4 cdas. de cubitos de pan tostado

Procesar juntos los 8 primeros ingredientes, refrigerar y luego licuar con el caldo. Colar a través de un lienzo o colador muy fino. Rectificar la sazón.

Servir muy frío, acompañado con los ingredientes de la guarnición, dispuestos en recipientes separados.

Sugerencia: acompañar con un vino generoso (grupo 10).

Palmitos gratinados

2 cdas. (25 g) de mantequilla
1/2 cdita. de ajo triturado
2 cdas. de cebolla finamente picada
2 cdas. de crema de leche
1/2 cdita. de hierbas de provincia
3/4 cdita. de sal
1/4 cdita. de pimienta
3/4 lb (375 g) de palmitos
enlatados, escurridos
4 cdas. de queso parmesano rallado

Derretir la mantequilla en una sartén y dorar el ajo con la cebolla. Revolver con la crema, las hierbas, sal y pimienta. Cocinar por unos minutos y retirar del fuego.

Disponer los palmitos en recipientes individuales, cubrirlos con la salsa anterior y salpicarlos con queso. Hornear a 200°C (400°F) por 7 a 10 minutos, o hasta dorar la superficie. Servir de inmediato.

Sugerencia: acompañar con un vino blanco ligero (grupo 6).

Palmitos con salsa Dijon

3/4 lb (375 g) de palmitos enlatados, escurridos
tiritas finas de zanahoria, para decorar

Salsa Dijon:
2 huevos duros picados
8 cdas. de vinagre
4 cdas. de aceite
1 cda. de mostaza Dijon
3/4 cdita. de sal
1/2 cdita. de pimienta negra recién molida
1/2 cdita. de azúcar granulada
1/2 cdita. de pimienta de Cayena
1/2 cdita. de ajo triturado

En un recipiente, mezclar muy bien todos los ingredientes de la salsa.

Distribuir los palmitos en platos individuales, rociar con la salsa Dijon y decorar con las tiritas de zanahoria.

Sugerencia: acompañar con un vino blanco joven (grupo 8).

Salpicón de frutas a mi estilo

Cantidad suficiente de las siguientes frutas (puede incorporar otras, a su elección):

naranja	patilla
mora	manzana
uva	mandarina
melón	fresa
pera	anón
papaya	mango
uchuva	ciruela
guanábana	

1/2 taza de vino blanco espumoso
4 claras de huevo
2 cdas. de azúcar granulada
4 cúpulas de merengue

Congelar recipientes individuales de vidrio que contengan un poco de agua, por 1 1/2 horas, para formar unas bases de hielo.

Pelar, retirar las semillas y cortar las frutas en trocitos. Mezclarlas en un recipiente y refrigerar.

Licuar los sobrantes de fruta con un poco de agua y azúcar, si fuera necesario. Colar y refrigerar (debe resultar un líquido claro similar a un jarabe). Batir las claras a punto de nieve, incorporando poco a poco el azúcar.

En el momento de servir, retirar los recipientes del congelador, distribuir las frutas sobre la base de hielo, rociar con el vino y luego con el jarabe de frutas.

Adornar cada salpicón con una cúpula de merengue.

Sopa de cebolla

1 3/4 libras (875 g) de cebolla
4 1/2 tazas de caldo de gallina (ver pág. 136)
1/2 taza de miga de pan
1 cdita. de sal de cebolla
1 pizca de pimienta negra molida
1 pizca de hinojo
1/2 cdita. de salsa Perrin's
4 cucharadas de queso parmesano
cubitos de pan tostado (croûtons)

Cortar tres cuartas partes de la cebolla en rodajas y separarlas en anillos; licuar el resto en el caldo.

Hervir todos los ingredientes, excepto el queso y los cubitos de pan, por 12 minutos, revolviendo con alguna frecuencia.

Salpicar el queso y los cubitos sobre la sopa un momento antes de servir.

Nota: También puede servir la sopa en cazuelas de cerámica, salpicar con queso, añadir los cubitos de pan, e introducirla en el horno a temperatura de "asar" (broil), por 10 minutos o hasta dorar la superficie..

Platos principales

Beef Stroganoff

1³/4 lb *(875 g) de lomo de res limpio, cortado*
en finas tiritas largas
1¹/4 *cdas. de harina de trigo*
1 *cdita de sal*
1 *cdita. de pimienta*
2 *cdas. (26 g) de mantequilla*
¹/4 lb *(125 g) de champiñones cortados*
en laminillas
1 *cebolla finamente picada*
¹/2 *cdita. de ajo picado*
²/3 *taza de crema de leche agria*
¹/3 *taza de caldo de carne (ver pag. 136)*
¹/2 *cdita. de salsa Perrin' s*
¹/2 *cdita. de salsa de tomate*
1¹/4 *cdas. de eneldo fresco finamente picado*
2 *cdas. de Cognac*

Espolvorear las tiritas de carne con la mitad de la harina, sal y pimienta. Revolver para que queden bien cubiertas y condimentadas.

En una sartén, derretir la mantequilla y sofreír los champiñones con la cebolla y el ajo, por 5 minutos. Agregar la carne y cocinar por 3 minutos más, revolviendo constantemente. Retirar la preparación a otro recipiente y dejar la mantequilla en la sartén. Deben quedar mínimo 1¹/2 cucharadas de mantequilla (agregar más, si fuera necesario, hasta completar la cantidad).

Incorporar a la sartén la harina restante, la crema agria, el caldo, ambas salsas y el eneldo. Revolver hasta que estén bien mezclados. Cocinar hasta que espese. Añadir la carne con los champiñones y continuar la cocción por 10 minutos más. Verter el Cognac, revolver y servir caliente.

Sugerencia: acompañar con un vino tinto ligero (grupo 2).

Lomo a la japonesa

Ver fotografía en la pág. 22
1³/4 lb *(875 g) de lomito de res*
cortado en 4 filetes
5 *cdas. de aceite de oliva*
5 *cdas. de cebolleta picada*
1¹/2 *cdas. de salsa de soya*
¹/2 *taza de vino blanco*
1 *taza de agua*
¹/2 *cda. de fécula de maíz*
3 *cdas. de azúcar granulada*
³/4 *cdita. de sal*
1 *cdita. de ajo finamente picado*
¹/2 *cdita. de jengibre en polvo*
¹/3 *cdita. de pimienta molida*
¹/4 *cdita. de comino en polvo*
¹/4 *cdita. de orégano*
1 *taza de marañones picados*

En una sartén grande, calentar el aceite y dorar 2 filetes de carne con la mitad de la cebolleta, por 3 minutos en cada lado. Retirar la carne y disponer sobre un recipiente para hornear. Repetir con la carne y cebolleta restantes.

Licuar la salsa de soya con el vino y la fécula, hasta obtener una mezcla homogénea. Verter esta mezcla en la sartén. Incorporar los ingredientes restantes, excepto el marañón; revolver y dejar hervir hasta que espese.

Rociar la carne con esta salsa, salpicar encima los marañones y hornear por 10 minutos, a 185°C (375°F). Servir de inmediato.

Sugerencia: acompañar con un vino tinto de cuerpo (grupo 1).

Anca de buey al vino

1³/4 lb (875 g) de anca de buey
1 pezuña de cerdo
1¹/2 cdas. (20 g) de mantequilla

Marinada:

1¹/2 cebollas molidas
1¹/2 tomates molidos
1¹/2 cditas. de sal
¹/3 cdita. de pimienta

Salsa:

2¹/3 tazas de caldo de cocción
de la pezuña y agua
²/3 taza de vino tinto
3 clavos de olor
2 cditas. de azúcar granulada
1 zanahoria pelada, cortada en finas rodajas

Cocinar la pezuña en abundante agua (que la cubra), por 45 minutos; reservar.

Mezclar los ingredientes de la marinada, incorporar el anca de buey, pinchándola varias veces para que la salsa penetre. Dejar por 1 hora.

Derretir la mantequilla y dorar la carne por todos lados. En una olla, colocar la carne dorada con todos los ingredientes de la salsa. Cocinar a fuego medio hasta que la carne esté blanda (si fuera necesario, agregar un poco más de agua. No debe secarse).

Retirar y cortar la carne en tajadas. Servir caliente, rociadas con la salsa que quede después de terminada la cocción.

Sugerencia: acompañar con un vino tinto de cuerpo (grupo 1).

Lengua con ciruelas

1³/4 lb (875 g) de lengua de res

Caldo:

2 cditas. de sal
1¹/2 cebollas molidas
3 cdas. de cilantro fresco picado
3 cdas. de perejil fresco picado
2 hojas de laurel
2 cditas. de mejorana
agua, cantidad suficiente para cubrir la lengua

Salsa:

²/3 taza de salsa de tomate
3 oz (90 g) de ciruelas pasas deshuesadas
y partidas en mitades
2 cditas. de alcaparras
2 cditas. de mantequilla
¹/3 taza de vino tinto dulce
²/3 taza de agua

Cocinar la lengua con todos los ingredientes del caldo, hasta ablandar. Retirar, escurrir y pelar la lengua. Descartar el caldo.

Cortar la lengua en tajadas y colocarlas en una olla con todos los ingredientes de la salsa. Cocinar tapada, por ¹/2 hora. Servir caliente, cubierta con la salsa en que se cocinó.

Sugerencia: acompañar con un vino tinto de cuerpo (grupo 1).

Lomo al Cognac

1³/4 lb (875 g) de lomito de res
1¹/2 cdas. (20 g) de mantequilla
1/2 cda. de aceite
1/2 cda. de azúcar granulada
6 cdas. de Cognac
³/4 cdita. de estragón fresco picado
1 cdita. de cilantro fresco picado
1/4 cdita. de pimienta molida
1/4 cdita. de comino en polvo
1/2 cdita. de ajo picado
1/3 cda. de granos enteros de pimienta
1¹/2 cdas. de sopa de cebolla deshidratada
³/4 taza de salsa oscura (ver pág. 136)
1/2 taza de crema de leche
miga de pan blanco sin corteza,
para espesar, si fuera necesario

Forrar una lata para hornear con suficiente papel de aluminio que permita envolver el lomo.

Derretir la mantequilla en una sartén grande, a fuego alto, con el aceite y el azúcar. Dorar el lomo por 5 minutos (no más), por todos lados.

Colocar el lomo sobre el papel aluminio, rociar con la mitad del Cognac, agregar la mantequilla de la sartén, espolvorear con el estragón y cilantro. Cubrir con el papel aluminio y cerrar bien los extremos.

Hornear a 175°C (375°F) por 10 minutos, voltear el paquete y cocinar por otros 10 minutos. Retirar del horno, descartar el papel aluminio y cortar el lomo en finas tajadas. Reservar caliente en una bandeja de servir.

Verter el jugo que soltó el lomo durante la cocción en la sartén, incorporar los ingredientes restantes, excepto el Cognac, y hervir hasta que espese. Si fuera necesario, agregar un poco de miga de pan. Retirar del fuego y agregar el Cognac. Rociar la carne con esta salsa y servir de inmediato.

Sugerencia: acompañar con un vino tinto de cuerpo (grupo 1)

Filetes al azafrán con limón

2/3 lb (330 g) de esparragos
1 1/2 lb (750 g) de filetes de ternera
1/2 cdita. de hebras de azafrán
1 1/3 cdas. de harina de trigo
1 cdita. de sal
1/2 cdita. de pimienta
3 cdas. de aceite de oliva
1 1/2 tazas de vino blanco
1 cda. de jugo de limón
3 cdas. de salsa demi-glace (ver pág. 137)
8 granos de pimienta verde

Recortar los tallos de los espárragos. Hervir agua con sal en un recipiente grande, colocar los espárragos parados, con las puntas fuera del agua, y cocinar por 8 minutos. Retirar, escurrir y reservar calientes. Moler el azafrán.

Condimentar los filetes con azafrán, sal y pimienta. Espolvorear un poco de harina y freír en el aceite caliente, por ambos lados, hasta que tomen un color dorado oscuro. Retirar y reservar.

Verter en la sartén el vino con el jugo de limón, agregar el azafrán restante, harina, salsa demi-glace y granos de pimienta verde. Hervir y dejar reducir un poco; salpimentar ligeramente e incorporar la carne para que se caliente.

Servir de inmediato en platos individuales, rodeado con espárragos y rociado con la salsa.

Sugerencia: acompañar con un vino tinto de cuerpo (grupo 1).

Piccata de ternera a la lombarda

1 1/2 lb (750 g) de filetes de ternera
jugo de 4 limones
3/4 cdita. de sal
1/2 cdita. de pimienta
1 1/2 cditas. de hierbas italianas picadas
6 cdas. (80 g) de mantequilla
2 cdas. de aceite de oliva
1/2 taza de harina de trigo
finas rodajas de limón, para decorar

Rociar los filetes con jugo de limón, por ambos lados, salpimentar y salpicar las hierbas.

Utilizando los dedos, untar los filetes con aceite por ambos lados, espolvorear bien con la harina y luego freír en mantequilla derretida, máximo por 3 minutos cada lado. Rociar los filetes con unas gotas de jugo de limón. Servir caliente, con rodajas de limón.

Sugerencia: acompañar con un vino tinto de cuerpo (grupo 1).

Pecho de ternera relleno

4 lb (2000 g) de pecho de ternera (abrir un «bolsillo»
a lo largo, en la mitad, para rellenar)

Marinada:

2 cervezas
5 cebollas largas picadas (sólo parte verde)
5 cdas. de perejil fresco picado • 2 cdas. de salsa para asar carnes
1 cdita. de nuez moscada rallada
1 cdita. de sal • 1 cdita. de pimienta

Relleno:

3¹/₂ cdas. (45 g) de mantequilla
3 oz (90 g) de champiñones picados • 1 cebolla finamente picada
¹/₂ lb (250 g) de carne molida de ternera
2 oz (60 g) de salchicha italiana finamente picada
1 huevo batido • 1 cdita. de sal
2 cdas. de perejil fresco picado
¹/₂ cdita. de pimienta

Salsa:

3¹/₂ cdas. (45 g) de mantequilla
²/₃ cdita. de tomillo • 4 hojas de laurel
1¹/₂ zanahorias peladas y cortadas en rodajas • 1 cebolla pelada y cortada en rodajas

Para preparar la marinada, licuar juntos todos los ingredientes. Sumergir el pecho y marinar de un día para otro o mínimo por 12 horas.

Para preparar el relleno, derretir la mantequilla en una sartén y sofreír la cebolla y champiñones. Dejar enfriar, agregar la carne molida, salchicha, huevo, perejil, sal y pimienta. Amasar muy bien.

Retirar el pecho de ternera de la marinada y reservar 2 tazas del líquido. Escurrir la carne, rellenarla y coser la abertura con aguja e hilo.

Aparte, preparar la salsa derritiendo la mantequilla en un recipiente; incorporar la cebolla y zanahoria y dorar bien la carne por todos lados. Retirar a una lata para hornear. Colar los jugos del recipiente, agregar el tomillo, laurel y marinada reservada.

Rociar la carne con esta salsa y cubrirla con papel aluminio. Hornear por 15 minutos, a 175°C (350°F). Retirar el papel y rociar con los jugos de cocción. Tapar nuevamente y hornear por otros 15 minutos. Destapar, volver a rociar y cocinar por 15 minutos más. Destapar, rociar, aumentar la temperatura a 230°C (450°F) y hornear por otros 15 minutos.

Retirar del horno. Cortar la carne con cuchillo eléctrico y servir en una fuente, con la salsa.

Si fuera necesario, aumentar la cantidad de salsa con salsa demi-glace (ver pág. 137).

Sugerencia: acompañar con un vino tinto de cuerpo (grupo 1).

Lomo al tamarindo

1³/₄ *lb (875 g) de lomo de cerdo*
cortado en tajadas
¹/₂ *cdita. de sal*
¹/₄ *cdita. de pimienta*
2 *cdas. crema de leche*
1 *cda. (25 g) de mantequilla*
¹/₄ *cdita. de sal*
2 *clavos de olor*

Salsa de tamarindo:

²/₃ *tazas de sorbete de tamarindo (ver nota)*
2 *cdas. de salsa oscura (ver pág. 136)*

Para preparar la salsa de tamarindo, calentar el sorbete en un recipiente, a fuego medio; agregar la salsa oscura y revolver hasta espesar (reservar 1 cucharada por cada tajada de lomo).

Salpimentar la carne y rociar con un poco de la salsa anterior. Dejar marinar mínimo por ¹/₂ hora.

Derretir la mantequilla en una sartén y dorar las tajadas de carne por ambos lados. Retirar y disponerlas en un recipiente para hornear.

Incorporar a la sartén la salsa de tamarindo restante con la crema, clavos y sal, revolviendo para integrar bien los ingredientes.

Rociar la carne con esta salsa y colocar encima de cada tajada un copete de la salsa de tamarindo reservada.

Hornear a 175°C (350°F), por 30 minutos. Servir de inmediato.

Nota: el sorbete de tamarindo puede prepararse con pasta o pulpa endulzada o con tamarindos frescos que se sumergen en agua hirviendo por 24 horas. Luego se baten con molinillo, se cuelan y endulzan. Si quedara muy líquido, dejar hervir hasta reducir.

Sugerencia: acompañar con un vino tinto de cuerpo (grupo 1).

Lomo con ciruelas

2 lb (1000 g) de lomo de cerdo
2 cditas. (25 g) de mantequilla
1 cda. de manteca de cerdo
3 cditas. de azúcar granulada
1/2 taza de malta o cerveza • 1/2 taza de vino tinto
1 cubo (12 g) de caldo de carne concentrado
1/3 lb (166 g) de ciruelas pasas deshuesadas,
finamente picadas
2/3 cdita. de estragón picado • 1/3 cdita. de sal
2/3 cdita. de pimienta molida

Salsa:

1/2 taza de malta o cerveza
1/2 taza de vino tinto • 1 taza de agua
1 cda. de fécula de maíz

En una sartén grande, derretir la mantequilla con la manteca y el azúcar. Dorar el lomo por todos lados; retirar y dejar enfriar.

Agregar a los jugos de la sartén la malta, el caldo concentrado, el vino, las ciruelas, el estragón, sal y pimienta. Hervir, revolviendo de vez en cuando y retirar del fuego.

Forrar una lata para hornear con suficiente papel aluminio. Colocar el lomo, rociarlo con la salsa anterior, y envolverlo con el papel aluminio, cerrando bien los bordes. Hornear a 185°C (375°F), por 1 hora.

Retirar del horno, descartar el papel y colocar los jugos en la sartén. Cortar el lomo en tajadas y disponerlas en un recipiente para hornear.

Aparte, licuar los 4 ingredientes de la salsa y agregar a la sartén. Cocinar, revolviendo hasta que espese. Rociar el lomo con esta salsa y hornear a 200°C (400°F), por 10 minutos. Servir de inmediato.

Sugerencia: acompañar con un vino blanco joven (grupo 8).

Pernil de cerdo chino

1 pernil de cerdito de aproximadamente 3 lb
(1500 g)
4 cdas. de salsa de barbacoa china (lan-chi)
(ver nota)
5 cebollas largas, cortadas en tiritas (sólo
la parte verde)
2 cdas. de aceite de ajonjolí

Deshuesar el pernil para obtener tajadas parejas de 3 cm de grosor. En las partes que tengan cuero, hacerle incisiones en forma de cuadros, sin cortarlo.

Mezclar la salsa con la cebolla y el aceite. Marinar la carne en esta mezcla, de ser posible por 24 horas.

Asar la carne en una barbacoa a fuego medio o sobre una parrilla, en el horno, colocando debajo una bandeja para recoger la grasa.

Servir de inmediato.

PARA 6 COMENSALES

Nota: si no consigue salsa *lan-chi* puede prepararla mezclando 1/2 taza de salsa de soya con 2 filetes de anchoa, 1 1/2 cucharadas de chutney de mango y 1/4 de cucharadita de jengibre en polvo.

Sugerencia: acompañar con un vino tinto ligero (grupo 2).

Conejo a la cazadora

1 conejo mediano, lavado, secado y despresado
2 cdas. de aceite
3 cdas. (40 g) de mantequilla
1/2 lb (250 g) de champiñones cortados
en tajadas
3 cebollas cortadas en juliana
1 taza de vino blanco
2 cdas. de pasta de tomate
1 taza de caldo de gallina (ver pág. 136)
1/2 taza de Cognac
1 ramita de perejil finamente picada
sal y pimienta, al gusto

Salpimentar las presas de conejo. En una sartén grande con tapa, calentar el aceite con la mantequilla y dorar las presas por todos lados. Disminuir el fuego, tapar y cocinar por 1/2 hora más.

Retirar la carne a una fuente de servir y reservar caliente. Incorporar a los jugos de la sartén los champiñones y la cebolla. Dorar por 5 minutos, verter el vino y dejar reducir a la mitad. Retirar del fuego.

Hervir el caldo con la pasta de tomate en una olla pequeña, por 10 minutos. Incorporar los champiñones, la cebolla y el Cognac. Revolver y verter esta salsa sobre el conejo. Salpicar con perejil y servir de inmediato.

Sugerencia: acompañar con un vino tinto joven (grupo 3)

Conejo a la mostaza

ver fotografía en la pág. 23

1 conejo mediano de 2 1/2 lb (1250 g), lavado,
secado con una tela y despresado
1 cdita. de sal
1/2 cdita. de pimienta molida
1 cda. de tomillo
1/2 taza de mostaza Dijon
5 cdas. (60 g) de mantequilla
1 taza de crema de leche espesa

Salpimentar las presas de conejo, salpicar con tomillo y untar con mostaza. Dejar marinar por 2 o 3 horas.

Derretir la mantequilla y verter en un recipiente para hornear. Colocar encima las presas y rociar con la crema de leche.

Hornear a 175°C (350°F), por 50 minutos, rociando frecuentemente con los jugos de cocción.

Servir de inmediato.

Sugerencia: acompañar con un vino tinto ligero (grupo 2).

Pernil de cordero al estilo del Medio Oriente

*1 pernil de cordero de 4 lb (2 kg), lavado con
agua hirviendo y secado con una tela*
8 clavos de olor

Marinada:

1 cerveza
1 cda. de perejil fresco picado
8 cebollas largas picadas
1/2 cdita. de ajo picado
1 cda. de tomillo en polvo
1 cda. de albahaca picada
1/2 cdita. de laurel en polvo
1 cda. de pimienta molida
3 cdas. de sal

Salsa:

2 tazas de vinagre
7 cdas. de azúcar granulada
1 taza de hierbabuena en polvo

Licuar los ingredientes de la marinada. Cubrir
bien el pernil con esta salsa y marinar de un día
para otro. Retirar el pernil, pincharlo en varias
partes e introducir los clavos de olor. Cocinar el
pernil con la marinada y agua (que lo cubra), en
una olla grande, por 1 hora. Retirar, escurrir y
disponer sobre una lata. Hornear a 175°C
(350°F), por 30 minutos, o hasta dorar.

Para preparar la salsa, hervir el vinagre con el
azúcar hasta reducir a una tercera parte, aproximadamente por 20 minutos. Agregar la hierbabuena, revolver, retirar del fuego y dejar enfriar.

Cortar el pernil en tajadas y colocarlo en una
bandeja. Servir frío o caliente, rociado con la salsa y decorado con hojitas de hierbabuena.

Sugerencia: acompañar con un vino tinto de
cuerpo (grupo 1).

Kebab

Ver fotografía en la pág. 24

*1 3/4 lb (875 g) de carne
molida de cordero (o de res)*
4 cebollas medianas molidas
3/4 cdita. de cúrcuma
1 cdita. de sal
3/4 cdita. de pimienta molida
3/4 cda. de polvo para hornear
1/4 cdita. de azafrán en polvo
1/3 taza de agua hirviendo

En un recipiente, mezclar la carne con la cebolla, cúrcuma, sal, pimienta y polvo para hornear.
Amasar muy bien.

Diluir el azafrán en el agua hirviendo y agregar-
lo a la carne. Seguir amasando hasta que puedan desprenderse hebras de carne (este punto
puede verificarse cuando al mover la carne se
desprende del recipiente sin quedar pegada en el
fondo). Dejar reposar por 1 hora.

En chuzos planos para asar, pegar la carne (utilizando las manos humedecidas con agua caliente), formando una capa sobre el chuzo de 2 cm.
Dejar las puntas sin cubrir. Reservar sobre una
cubeta, apoyados en la punta y el mango del chuzo. Asar en barbacoa a fuego no muy alto, ro-
tándolos frecuentemente.

Para servir, separar la carne con un cuchillo y
colocar las tajadas en los platos.

Sugerencia: acompañar con un vino tinto de
cuerpo (grupo 1).

Fricasé de gallina al vino

2 lb (1 kg) de gallina despresada
1 1/2 tazas de caldo de gallina (ver pág. 136)
1 cdita. de sal
1/2 cdita. de pimienta molida
4 cdas. (50 g) de mantequilla
3 oz (90 g) de tocino ahumado, cortado en trocitos
3 oz (90 g) de escalonias, cortadas en trozos
1 puerro grande (sólo parte blanca),
cortado en laminillas
2 cditas. de harina de trigo
1 1/4 tazas de vino tinto
3 cdas. de Cognac o ron
24 cebollines pelados
3 cdas. de azúcar pulverizada

En una olla con tapa, cocinar la gallina con el caldo, sal y pimienta, a fuego medio, por 20 minutos. Revolver con frecuencia. Retirar las presas, escurrir y reservar mínimo 1 taza de caldo.

Derretir 2/3 de la mantequilla y dorar en una sartén las presas de gallina. Cuando se coloreen, agregar las escalonias, el puerro y el tocino. Dejar dorar un poco, espolvoreadas con harina y dejar dorar un poco más.

Verter el caldo y el vino en la sartén; continuar la cocción por 15 minutos más. Añadir el Cognac, revolver y dejar por otros 15 minutos. Rectificar la sazón, si fuera necesario.

Aparte, derretir la mantequilla restante en una cazuela, incorporar cebollines y el azúcar y dejar reducir completamente.

Disponer las presas de gallina en una fuente de servir precalentada, rodeadas por los cebollines. Reducir el caldo de gallina a la mitad y verter sobre la carne. Servir de inmediato.

Sugerencia: acompañar con un vino blanco seco (grupo 5).

Pollo a la King

Ver fotografía en la pág. 35

2 lb (1000 g) de contramuslos
y pechugas de pollo
sal y pimienta, al gusto
3 cdas. (40 g) de mantequilla
1/2 lb (250 g) de champiñones cortados en 4
1 1/4 cdas. de harina de trigo
1 1/4 tazas de crema de leche espesa
1 cda. de jugo de limón
2 cdas. de cebolla licuada
1 1/2 cdas. de Jerez
2 yemas de huevo
2/3 cdita. de paprika
1/4 taza de pimiento rojo finamente picado

Cocinar las presas de pollo en muy poca agua, hasta ablandar. Salpimentar. Retirar, dejar enfriar, deshuesar y cortar la carne en cubitos. Reservar.

En una sartén con tapa, derretir la mantequilla y cocinar los champiñones sin dejar dorar; retirar y reservar aparte.

Incorporar gradualmente la harina a la sartén, revolviendo para mezclarla bien con la mantequilla. Agregar la crema de leche de la misma forma. Colocar dentro los cubitos de pollo. Revolver con el jugo de limón, la cebolla y el Jerez.

Batir las yemas de huevo con la paprika y verter sobre el pollo. Añadir el pimiento, rectificar la sazón, tapar y dejar cocinar a fuego bajo, por 15 minutos. Servir de inmediato.

Sugerencia: acompañar con un vino blanco licoroso (grupo 7).

Pollo a la Gascuña

2 lb (1000 g) de pechugas y contramuslos de pollo
12 tajadas de tocineta carnosa, fritas
arroz blanco cocido

Para el caldo:

2 tazas de agua • 1 taza de leche
2 cditas. de ajo picado • 1 cdita. de sal
1/2 taza de vino blanco

Salsa para el pollo:

1 cda. (13 g) de mantequilla
2 cebollas finamente picadas
2 cdas. de harina de trigo • 1 taza de leche
1 taza de champiñones cortados en tajadas
1/2 taza de vino blanco • 1 cdita. de azúcar granulada
1/2 taza de crema de leche • sal al gusto

Salsa para el arroz:

1 cda. (13 g) de mantequilla
2 tazas de leche • 1/4 cdita. de sal
2 yemas de huevo batidas
1/2 taza de queso amarillo rallado

Cocinar el pollo con todos los ingredientes para el caldo, a fuego bajo, hasta ablandar. Retirar, deshuesar y cortar en trozos grandes. Reservar el caldo. Aparte, preparar la salsa para el pollo: derretir la mantequilla, dorar la cebolla y añadir la harina, revolviendo para incorporarla. Agregar los ingredientes restantes y el caldo reservado. Revolver, rectificar la sal e incorporar los trozos de pollo. Hervir a fuego medio, revolviendo frecuentemente hasta que espese.

Para preparar la salsa del arroz, derretir la mantequilla, agregar la leche, yemas, queso y sal, revolviendo hasta mezclar bien.

Para servir, formar coronas de arroz blanco sobre platos individuales y rociar con la salsa.

Colocar en el centro de las coronas unas tiras de tocineta y encima, el pollo con su salsa.

Sugerencia: acompañar con un vino blanco ligero (grupo 6).

Perdices campesinas al vino

8 perdices de campo, con sus menudencias
2 cdas. (40 g) de mantequilla
2¹/₂ cebollas finamente picadas

Salsa:

¹/₂ taza de crema de leche
2 cdas. de harina de trigo
1¹/₂ cditas. de finas hierbas
1¹/₄ cditas. de tomillo
1 cdita. de pimienta molida
1 cdita. de sal
¹/₂ cdita. de laurel en polvo
1¹/₂ tazas de vino blanco
¹/₂ taza de agua

Licuar juntos todos los ingredientes de la salsa; reservar.

Verificar que no queden plumas o cañones en las perdices; lavarlas muy bien, secar con una tela y salpimentar. Picar finamente las menudencias.

En una olla, derretir la mantequilla y dorar la cebolla y las menudencias. Agregar la salsa reservada y dejar hervir. Incorporar las perdices, tratando de que el interior y exterior queden bien impregnados con la salsa.

Tapar y cocinar a fuego medio, por 30 minutos, revolviendo suave y frecuentemente para cubrirlas con la salsa. Destapar y continuar la cocción por 15 minutos más. Servir de inmediato, con la salsa.

Sugerencia: acompañar con un vino tinto ligero (grupo 2).

Pollo relleno al estilo venezolano

1 pollo o gallina de 2 lb (1 kg) lavado y secado

Marinada:

1 cdita. de sal
2 cditas. de finas hierbas
¹/₂ cdita. de pimienta molida
¹/₃ taza de vino tinto • 4 cditas. de mostaza
2 cdas. de cilantro fresco picado

Relleno:

4 tajadas de tocineta, finamente picadas
2 cdas. de almendras molidas
¹/₃ taza de vino tinto
3 tajadas de pan blanco, sin corteza
3 oz (90 g) de jamón finamente picado
1 huevo • 2 cdas. de uvas pasas
2 cdas. de aceitunas verdes rellenas
3/4 cda. de alcaparras • 2/3 cdita. de sal
¹/₃ cdita. de pimienta molida

Mezclar los ingredientes de la marinada. Condimentar el interior y exterior del pollo con esta salsa y dejar marinar por 12 horas. Retirar y reservar la marinada. Para preparar el relleno, freír la tocineta, retirar y dejar enfriar. En un recipiente, mezclar la tocineta con los ingredientes restantes, revolviendo bien. Si fuera necesario, agregar un poco más de vino tinto. Introducir el relleno en el pollo sin compactarlo demasiado. Coser las aberturas con hilo y aguja.

Cocinar el pollo en una olla, a fuego medio, por ¹/₂ hora, con la marinada reservada. Retirar, escurrir y disponerlo en una bandeja para hornear. Preparar una salsa con los jugos de cocción, agregando un poco más de vino y miga de pan. Hornear a 200°C (400°F), por 15 minutos, o hasta dorar. Servir de inmediato, rociado con la salsa.

Sugerencia: acompañar con un vino blanco seco (grupo 5).

Codornices a la naranja

4 codornices lavadas, secadas y salpimentadas
2 naranjas, peladas en forma circular
1³/4 tazas de jugo de naranja • ¹/2 cdita. de sal
¹/2 cdita. de pimienta de Cayena
1 cubo (12 g) de caldo de gallina concentrado
2 cdas. de mermelada de naranja
8 clavos de olor • 5 cdas. de vino Madeira
5 cdas. (65 g) de mantequilla
3 cdas. de licor de naranja • 2 cdas. de harina de trigo

Descartar la parte blanca de 1 cáscara; doblar la parte amarilla para extraer el aceite y luego cortarla en juliana larga. Enjuagar varias veces con agua hirviendo, retirar y escurrir.

Cortar las naranjas peladas en finas rodajas, retirando las semillas.

Licuar juntos el jugo de naranja con sal, pimienta de Cayena, caldo de gallina, harina, mermelada y clavos. Verter en una olla y calentar sin dejar hervir con la juliana de cáscara de naranja, por 10 minutos, revolviendo constantemente hasta que espese. Retirar del fuego, verter el vino Madeira y revolver bien. Reservar.

Aparte, en una sartén, calentar la mantequilla y dorar las codornices por todos lados. Rociar con un poco del jugo de naranja. Retirar y colocarlas en un recipiente para hornear, con las pechugas hacia abajo.

Colar los jugos de cocción de la sartén y mezclar con la salsa reservada.

Rociar el interior y exterior de las codornices con la salsa. Introducir en la cavidad algunas rodajas de naranja y hornear a 200°C (400°F), por 20 minutos.

Voltear las codornices, colocar las rodajas de naranja restantes y rociar con un poco más de salsa. Continuar la cocción por 20 minutos más. Colar los jugos de cocción y añadirlos a la salsa restante caliente, con el licor. Revolver y servir aparte, en una salsera.

Servir las codornices de inmediato, rociadas con un poco de salsa.

Sugerencia: acompañar con un vino tinto de cuerpo (grupo 1).

Pechuga de pavo al horno

4 filetes de pechuga de pavo
1 1/1 odao. de melaza de panela
2 tazas de agua
2 cdas. (25 g) de mantequilla

Marinada:
6 cebollas largas finamente picadas
1 cdita. de comino en polvo
1 cdita. de pimienta molida
1/2 cdita. de nuez moscada rallada
2/3 cdita. de ajo picado
4 cdas. de vinagre
2/3 cdita de azúcar pulverizada

En un mortero, triturar todos los ingredientes de la marinada y revolver bien. Sazonar con esta mezcla los filetes de pavo, pinchándolos con un tenedor para que la mezcla penetre. Dejar marinar en la salsa por varias horas.

Aparte, diluir la melaza en el agua y hervir en un recipiente grande.

Retirar los filetes de la salsa, eliminando con la mano cualquier resto (reservar la marinada).

Con un tenedor, sostener los filetes sobre el agua con melaza hirviendo, y con una cuchara rociarlos con el agua para que escurran el exceso de marinada dentro del recipiente.

Disponer los filetes sobre una lata para hornear forrada con papel aluminio.

Preparar una salsa mezclando 4 cucharadas del agua con melaza, la salsa para marinar reservada y la mantequilla.

Hornear los filetes a 200°C (400°F), por 15 minutos, y luego rociar con la salsa. Repetir esta operación hasta completar 1 hora de cocción. Servir de inmediato, con sus jugos.

Sugerencia: acompañar con un vino tinto ligero (grupo 2).

Steak de pavo al maracuyá

4 muslos de pavo
1 taza de sorbete de maracuyá
1/4 taza de miga de pan
1/2 taza de azúcar granulada
2/3 cdita. de sal
1/2 cdita. de pimienta molida
1/2 cubo (6 g) de caldo de gallina concentrado
1/2 taza de crema de leche
1/2 cdita. de sal
6 clavos de olor
4 cdas. (50 g) de mantequilla

Pedir al carnicero que corte con sierra la parte inferior de los muslos; descartarla. Con un cuchillo afilado, retirar la piel y deshuesar, para abrir los *steaks;* eliminar todos los tendones posibles. Reservar.

Aparte, mezclar el sorbete de maracuyá con la miga y el azúcar (debe quedar dulce).

Salpimentar los *steaks,* untarlos con parte del sorbete y pincharlos con un tenedor para que el sorbete penetre; dejar reposar mínimo por 1 hora.

Calentar el sorbete restante en una olla; agregar el caldo, crema, sal y clavos de olor; revolver hasta que espese (si fuera necesario, agregar más miga de pan) y dejar a fuego bajo.

En una sartén, derretir la mantequilla y dorar ligeramente los *steaks* por ambos lados. Retirarlos a una fuente de servir con sus jugos y cubrir con la salsa de maracuyá.

Hornear a 200°C (400°F), por 30 minutos. Servir de inmediato, rociados con la salsa.

Sugerencia: acompañar con un vino tinto de cuerpo (grupo 1).

Codornices rellenas con trigo

4 codornices • 2 cdas. de ajo triturado
6 cdas. de aceite de oliva • sal y pimienta, al gusto

Relleno:

1 taza de trigo molido en grano mediano
2 cdas. de uvas pasas • 2 cdas. de aceite de oliva
8 cdas. de piñones • 4 cdas. de cebolla picada
$1/3$ cdita. de nuez moscada rallada
1 cdita. de sal • $1/2$ cdita. de pimienta molida

Salsa:

$1/2$ taza de vino Oporto • $1/2$ taza de cebolla picada
$1/2$ taza de miga de pan • $1/2$ taza de agua
3 cdas. de salsa de tomate • 2 cdas. de aceite de oliva
$1/2$ cubo (6 g) de caldo de gallina concentrado
1 cdita. de sal • $1/2$ cdita. de pimienta molida
$1/4$ cdita. de comino en polvo

Remojar el trigo y las uvas pasas en suficiente agua, mínimo por 1 hora.

Salpimentar y condimentar las codornices con el ajo.

En una sartén, calentar el aceite y dorar las codornices por todos lados. Retirar, dejar enfriar; colar y reservar el aceite de la sartén.

Para preparar el relleno, calentar 2 cucharadas de aceite de oliva en una ollita pequeña. Dorar ligeramente los piñones y agregar la cebolla; dorar hasta que pierda su transparencia. Retirar del fuego.

Exprimir el trigo con la mano y revolver con la cebolla, piñones y condimentos.

Para preparar la salsa, licuar los ingredientes y cocinar en una sartén, por 5 minutos. Agregar el aceite reservado, revolver y rectificar la sazón. Retirar del fuego.

Rellenar las codornices y colocarlas en un recipiente para hornear engrasado, rociando con un poco de salsa. Hornear a 175°C (350°F) por 40 minutos.

Servir de inmediato.

Sugerencia: acompañar con un vino tinto ligero (grupo 2).

Steak
de pollo infernal

2 lb (1 kg) de pechuga de pollo deshuesada
1 1/2 cdas. de aceite de ajonjolí
sal y pimienta, al gusto

Marinada:

2 cdas. de leche
1 1/2 cditas. de curry en polvo
1/2 cdita. de pimienta de Cayena
2 cdas. de crema de leche espesa

Cortar la pechuga en *steaks* y salpimentar.

En un recipiente, calentar la leche sin dejar hervir, revolver con el curry y luego con la pimienta de Cayena y la crema, mezclando bien (puede añadir más pimienta de Cayena, al gusto). Retirar del fuego, marinar los *steaks* en la mezcla, por 1 hora.

Calentar una plancha o sartén grande de hierro, rociar con el aceite y dorar los *steaks* por ambos lados.

Servir calientes, rociando con su salsa.

Sugerencia: acompañar con un vino tinto ligero (grupo 2).

Pato
a la pimienta verde

Ver fotografía en la pág. 26

1 pato pequeño de 3 lb (1 1/2 kg), despresado
1 taza de vino blanco
1 taza de crema de leche espesa
1/2 cubo (6 g) de caldo de gallina concentrado
1 cdita. de harina de trigo
1 cebolla pequeña, cortada en trozos
2 cdas. de granos de pimienta verde,
preferentemente fresca, recién molidos (dejar
algunos granos enteros)
5 cdas. de hierbabuena fresca picada
1 cdita. de ajo picado
1 cdita. de sal

Preparar una lata honda para hornear con suficiente agua. Colocar encima una parrilla metálica y sobre ésta, las presas de pato. Asar en horno a 175°C (350°F), por 15 minutos, para dorar y escurrir la grasa.

Licuar juntos los ingredientes restantes y verter en una olla con tapa. Incorporar las presas de pato y cocinar a fuego medio por 35 minutos (o más), hasta que el pato esté blando.

Colocar las presas en una refractaria, rociar con la salsa (desgrasándola si fuera necesario) y hornear a 200 °C (400°F), por 10 minutos.

Servir caliente, rociado con la salsa.

Sugerencia: acompañar con un vino tinto de cuerpo (grupo 1).

Pato estofado

1 pato pequeño de 2 lb (1 kg) despresado (en porciones pequeñas) y salpimentado
2 cdas. de aceite de oliva
1 trozo de cuero de cerdo de 15 x 15 cm • 1 taza de vino Madeira
1/4 lb (125 g) de aceitunas negras deshuesadas, cortadas en trocitos, para decorar
1/4 cáscara de naranja cortada en trocitos (pasarlos por agua hirviendo), para decorar

Marinada:

3/4 taza de vino blanco • 1 1/2 copas de Cognac
1/2 cdita. de sal • 1 cda. de ajo triturado
1/2 cdita. de salvia deshidratada

Vegetales:

4 cdas. (50 g) de mantequilla
1/3 lb (165 g) de tocino cortado en trocitos
2 cebollas picadas • 3/4 cdita. de sal • 2 zanahorias cortadas en rodajas
1 tallo de apio cortado en trocitos • 1/2 cdita. de pimienta molida
1/3 lb (165 g) de champiñones cortados en 4

Salsa:

2 cdas. de pasta de tomate • 1 taza de jugo de naranja
1 taza de caldo de gallina (ver pág. 136)

En una sartén, calentar el aceite y freír el pato por 20 minutos. Retirar y escurrir (descartar la grasa). Mezclar los ingredientes de la marinada. Rociar bien el pato y marinar por 4 horas (reservar la marinada).

Cocinar el cuero de cerdo por 1/2 hora, en agua hirviendo.

Cocinar todos los ingredientes de "vegetales" hasta que pierdan su transparencia. Retirar y reservar.

Mezclar los ingredientes de la salsa y reservar.

Forrar un recipiente para hornear con papel aluminio engrasado. Colocar dentro 1 capa de cuero de cerdo, luego una de vegetales y cubrir con las presas de pato. Bañar con la salsa y decorar con aceitunas y cáscara de naranja.

Hornear a 200°C (400°F), por 1 hora. Retirar, rociar con los jugos de cocción y el vino Madeira.

Sugerencia: acompañar con un vino tinto de cuerpo (grupo 1).

Filetes de pescado con almendras

2 lb (1 kg) de filetes limpios de pargo,
salmón, cherna o trucha
1 cdita. de sal
1/2 cdita. de pimienta molida
2 cditas. de hierbas para pescados, picada
(ver nota)
2 cdas. de mantequilla derretida
1 taza de almendras y nueces molidas, mezcladas

Salsa:

1 taza de crema de leche
1 taza de vino blanco
4 cdas. de miga de pan

Salpimentar los filetes por ambos lados y espolvorear con las hierbas. Dejar reposar por 1 hora.

Forrar una lata para hornear con papel aluminio, rociar el fondo con la mantequilla y salpicarlo con una parte de las almendras. Disponer los filetes sobre éstas.

Licuar juntos los ingredientes de la salsa y salpimentar.

Rociar los filetes con la salsa y cubrir con las almendras restantes.

Hornear a 175°C (350°F), por 20 minutos; pasar a la temperatura de "asar" *(broil)* y continuar la cocción con la puerta del horno entreabierta, por 5 minutos más, o hasta dorar la superficie.

Servir de inmediato, rociados con su salsa.

Nota: para preparar su propia mezcla de hierbas para pescados, combine partes iguales de hinojo, mejorana, ajedrea, salvia y tomillo.

Sugerencia: acompañar con un vino blanco seco (grupo 5).

Filetes de cherna al limón

4 filetes de cherna de buen tamaño
1/2 cdita. de sal
1/4 cdita. de pimienta molida
6 cdas. de jugo de limón
3 cdas. de mantequilla

Salsa:

2 huevos
2 cdas. de agua
2 cdas. de jugo de limón
5 cdas. de aceite de oliva
2 cdas. de leche
1 cdita. de azúcar granulada
1 pizca de comino en polvo

Salpimentar los filetes y rociar con el jugo de limón. Derretir la mantequilla en una sartén y dorar los filetes por ambos lados (deben quedar bien cocidos). Retirar, escurrir y reservar calientes en una bandeja de servir.

Para preparar la salsa, batir los huevos con el agua y agregar poco a poco el jugo de limón.

Cocinar a fuego bajo en una sartén, hasta que espese. Retirar del fuego y agregar los ingredientes restantes, revolviendo para mezclar bien. Salpimentar al gusto y rociar sobre los filetes. Servir de inmediato.

Sugerencia: acompañar con un vino blanco seco (grupo 5).

Pargo en papillote

2 lb (1 kg) de filetes limpios de pargo rojo
2 cebollas grandes cortadas en finas rodajas
y separadas en anillos
2 pimientos (1 verde y 1 rojo) cortados
en tiritas largas
1 tomate mediano cortado en trocitos
1 1/2 cditas. de sal
1 cdita. de pimienta molida
2 cdas. de paprika
1 1/2 cdas. de mostaza
2 cdas. de salsa para carnes asadas
1 pizca de comino en polvo
2 cdas. (25 g) de mantequilla cortada
en láminas

Cortar cuadrados de papel aluminio de un tamaño que permita envolver cada filete en porciones individuales. Sobre cada uno, colocar una capa de cebolla, otra de tomate y encima una con la mitad del pimiento. Salpimentar y espolvorear un poco de paprika.

Untar cada filete con mostaza, rociar con sal, pimienta, comino, paprika y salsa para carnes.

Disponerlos en el papel aluminio, sobre las verduras y cubrir con el pimiento restante y láminas de mantequilla. Cerrar el papel y sellar bien los bordes para que no escape el vapor. Hornear a 200°C (400°F), por 25 minutos.

Servir de inmediato, colocando los envoltorios sobre platos individuales, para que cada comensal lo abra en la mesa.

Sugerencia: acompañar con un vino blanco ligero (grupo 6).

Pescado frito con salsa turca

2 lb (1 kg) de filetes limpios de pescado
2 cdas. de jugo de limón
1 cdita. de sal
1/2 cdita. de pimienta molida
1/2 taza de harina de trigo
1/2 taza de aceite de oliva
1/2 lb (250 g) de almendras molidas,
para la cubierta

Salsa turca:

1/2 taza de aceite de oliva
3 cebollas picadas
1 cdita. de ajo finamente picado
1/2 taza de perejil fresco picado
1/2 taza de jugo de limón
1/3 cdita. de sal
1/4 cdita. de pimienta molida
1 pizca de comino en polvo

Frotar el pescado con el jugo de limón, salpimentar y rebozar en la harina.

Calentar el aceite en una sartén y freír el pescado por ambos lados. Retirar, escurrir y reservar caliente en una bandeja de servir.

Para preparar la salsa, calentar el aceite en otra sartén y dorar la cebolla y el ajo hasta que pierdan su transparencia. Colocarlos en una licuadora con los ingredientes restantes y licuar hasta obtener una salsa homogénea.

Verter sobre el pescado y cubrir con una capa de almendras. Servir de inmediato.

Sugerencia: acompañar con un vino blanco joven (grupo 8).

Bullabesa a mi estilo

1 lb (500 g) de camarones lavados, pelados
y desvenados (reservar los caparazones)
8 langostinos muy grandes, lavados, pelados
y desvenados (reservar los caparazones)
2 colas de langosta lavadas, peladas, desvenadas
y cortadas en trozos (reservar los caparazones)
1 cabeza de pargo rojo • 5 tazas de agua hirviendo
4 cdas. (50 g) de mantequilla
3/4 lb (375 g) de cebolla finamente picada
1/2 lb (250 g) de tomate pelado y picado
1/2 pimiento rojo finamente picado
4 cdas. de crema de leche
5 oz (150 g) de vieiras
12 mejillones muy bien lavados
12 almejas grandes muy bien lavadas
2 tallos de apio finamente picados
2 cditas. de ajo picado
2/3 cda. de pasta de tomate
1/4 g de azafrán • 2 hojas de laurel
2/3 cdita. de finas hierbas picadas
1 pizca de cada uno: tomillo, pimienta, hinojo,
paprika y pimienta de Cayena
2 1/2 cditas. de sal
1 taza de vino blanco • 2 cdas. de Jerez

Preparar primero un caldo base, hirviendo en el
agua los caparazones reservados y la cabeza del
pescado, hasta que ésta esté casi desintegrada.
Retirar del fuego, colar y reservar 4 tazas del
caldo.

Licuar los camarones en un poco de caldo e incorporarlos al caldo reservado.

En una olla grande, derretir la mantequilla y
dorar la cebolla, el tomate y el pimiento. Incorporar la crema de leche y cocinar por 10 minutos, revolviendo constantemente. Agregar a esta
mezcla el caldo y los ingredientes restantes, excepto el Jerez. Revolver y cocinar tapado por 20
minutos. Servir de inmediato, rociado con el
Jerez.

Sugerencia: acompañar con un vino blanco ligero (grupo 6)

Trucha al estilo del Valle del Loira

Ver fotografía en la pág. 27

4 truchas de buen tamaño, sin espinas
(o filetes de trucha)
jugo de 1 limón
2 cdas. de mostaza
3/4 cdita. de sal
1/2 cdita. de pimienta molida
1 pizca de comino en polvo
4 cdas. (50 g) de mantequilla
6 cdas. de miga de pan seco
3 cdas. de perejil fresco picado

Untar las truchas con el limón, secarlas con una
tela, untar con la mostaza por ambos lados y espolvorear con sal, pimienta y comino.

Derretir la mantequilla en una sartén.

Pasar las truchas, una a la vez, por la miga de
pan y freír por ambas caras hasta dorar ligeramente.

Retirar, escurrir y disponerlas en una bandeja de
servir. Espolvorear encima con el perejil y rociar
con los jugos de la sartén.

Servir de inmediato.

Sugerencia: acompañar con un vino blanco
seco (grupo 5).

Calamares a la riojana

2 lb (1 kg) de calamares limpios
4 cdas. de aceite de oliva
1 1/4 cditas. de ajo picado
4 cebollas largas cortadas en tiras
1 cebolla mediana cortada en juliana
3 pimientos rojos medianos, cortados en tiras
1 1/4 cditas. de sal
1/3 cdita. de pimienta negra recién molida
1/2 cdita. de paprika
1/4 g de azafrán, molido y diluido en 1 copa
de vino blanco hirviendo
3 cda. de perejil fresco finamente picado
4 cdas. de Jerez

Cocinar los calamares en una olla con agua salada hirviendo, por 15 minutos. Retirar, escurrir, lavar bien el interior de la bolsa para eliminar cualquier resto de arena y cortar en tiras.

Calentar el aceite en una sartén, agregar el ajo y dejar que se coloree ligeramente. Añadir la cebolla, pimiento, sal, pimienta y paprika. Revolver y continuar la cocción por 5 minutos.

Incorporar los calamares y el azafrán; revolver, disminuir el fuego a medio y cocinar por 10 minutos más.

Espolvorear con el perejil y rociar con el Jerez. Continuar la cocción por otros 5 minutos y servir de inmediato.

Sugerencia: acompañar con un vino blanco ligero (grupo 6).

Gumbo marinero

3 1/2 lb (1600 g) de langostinos pelados
y desvenados (reservar los caparazones)
4 tazas de agua hirviendo • 2 cdas. de aceite
1/4 lb (125 g) de okra (quimbombó) cortada
en trozos de 13 mm de grosor
2/3 taza de aceite • 1/2 taza de harina de trigo
2 cebollas medianas finamente picadas
1 pimiento finamente picado
2 tallos de apio finamente picados
1 cdita. de ajo finamente picado
1/2 taza de perejil fresco finamente picado
1 lata de 16 oz (480 g) de tomates picados
2 cangrejos cocidos, cortados en 4
2 hojas de laurel • 2 cdas. de salsa Perrin's
sal al gusto
1/2 cda. de pimienta negra recién molida
1/2 cda. de pimienta de Cayena
arroz blanco cocido, para acompañar

Refrigerar los langostinos hasta el momento de usarlos. Preparar un caldo base, hirviendo en el agua los caparazones reservados, por 1 hora; colar y reservar.

En una sartén, calentar las 2 cucharadas de aceite y dorar la okra hasta que desaparezca el líquido que sueltan, aproximadamente por 30 minutos. Reservar.

Aparte, en una sartén grande y pesada, calentar el aceite restante, revolver con la harina y dorarla hasta que tenga un color canela oscuro. Agregar la cebolla, pimiento, apio, ajo y perejil; continuar la cocción hasta que ablanden. Agregar los tomates y cocinar por 15 minutos más. Incorporar la okra, el caldo base, los cangrejos, laurel y todos los condimentos restantes. Dejar hervir por 2 horas, revolviendo de vez en cuando. Incorporar los langostinos y cocinar por 6 minutos más. Servir de inmediato, con arroz blanco.

Nota: puede preparar el plato un día antes, refrigerarlo y calentar antes de servir.

Sugerencia: acompañar con vino blanco licoroso (grupo 7).

Langosta a la brasa

4 langostas grandes (pedir que las corten
con sierra, a lo largo, en mitades)
9 cdas. (110 g) de mantequilla
1 cdita. de ajo triturado
1 cdita. de sal
2 cditas. de paprika
1 cdita. de pimienta molida
1 cdita. de salsa de soya
1 cdita. de chutney de mango
1 cdita. de mermelada de naranja
2 cditas. de Cognac o ron

Eviscerar y desvenar las langostas. En los caparazones sólo debe quedar la carne.

En una cacerola, derretir la mantequilla y dorar ligeramente el ajo. Disminuir totalmente el
fuego y revolver con los ingredientes restantes,
incorporándolos en el orden en que se presen-
tan en la lista. Rectificar la sazón al gusto. Reservar caliente.

Calentar una barbacoa al máximo. Untar la carne de las langostas sólo con un poco de salsa y
colocarlas con la carne sobre la parrilla evitan-
do que sean alcanzadas por las llamas. Asar por
5 minutos, voltear y pincelar frecuentemente con
más salsa. Asar por 15 a 20 minutos más, según
el tamaño.

Servir de inmediato, rociadas con más salsa.

Sugerencia: acompañar con un vino espumoso
(grupo 9).

Langostinos al curry

Ver fotografía en la pág. 28

4 lb (2 kg) de langostinos grandes, lavados,
pelados y desvenados (reservar los caparazones)
1 coco
4 tazas de agua
1 1/2 cdas. de curry en polvo
1 cdita. de sal
1/3 cdita. de pimienta de cayena
3/4 cda. de fécula de maíz

Abrir el coco, retirar la pulpa y licuar con un mínimo de agua. Exprimir la leche con un prensapuré sobre un recipiente. Reservar la pulpa exprimida.

Hervir la leche a fuego alto, hasta evaporar el
agua (debe quedar un aceite de coco).

Disminuir el fuego y dorar ligeramente los langostinos en este aceite, máximo por 4 minutos.
Retirar del fuego, colocar los langostinos en otro
recipiente y reservar el aceite.

Licuar los caparazones reservados con la pulpa
exprimida del coco y el agua. Hervir esta mezcla mínimo por 15 minutos, retirar, exprimir y
colar.

Lavar la licuadora y licuar 3 tazas de este caldo
con el curry (según la clase de curry puede ne-
cesitarse un poco más), sal, pimienta y fécula.
Rectificar la sazón al gusto. Agregar este licuado
al recipiente donde se doraron los langostinos,
revolviendo y raspando el fondo. Cocinar hasta
espesar (debe quedar como una crema). Incorporar los langostinos y dejar hervir, máximo por
4 minutos.

Servir caliente, de ser posible en un samovar colocado en el centro de la mesa.

Sugerencia: acompañar con un vino blanco licoroso (grupo 7).

Cazuela de pasta

3/4 lb (375 g) de fetuccines
1 cda. de aceite

Salsa:

3 1/2 cdas. de mantequilla
*1/3 lb (165 g) de champiñones (una mitad
cortados en tajadas y otra en trocitos)*
3/4 cubitos (9 g) de caldo de gallina concentrado
1 1/4 tazas de leche
2 cditas. de albahaca fresca picada
2 cdas. de mostaza
2 cditas. de orégano
3/4 taza de crema de leche espesa
1 cdita. de sal
2/3 taza de queso crema

Cocinar la pasta en abundante agua salada hirviendo con aceite, por 8 minutos. Retirar, escurrir y colocar en un recipiente para hornear engrasado con mantequilla. Reservar.

Licuar el caldo de gallina concentrado con la leche. Reservar.

Para preparar la salsa, en una sartén derretir la mantequilla y dorar los champiñones. Agregar la albahaca, mostaza, orégano, crema, leche reservada y sal. Hervir, revolviendo frecuentemente hasta que espese.

Retirar del fuego, batir con el queso crema hasta incorporarlo bien.

Verter la salsa sobre la pasta, espolvorear con más albahaca y hornear a 185°C (375°F), por 20 minutos. Servir de inmediato.

Sugerencia: acompañar con un vino blanco seco (grupo 5).

Ravioles «Alexandra»

4 porciones abundantes de ravioles de carne
1/2 taza de queso parmesano rallado

Salsa:

2 cditas. de harina de trigo
1 taza de leche
4 cdas. (50 g) de mantequilla
2 cditas. de ajo picado
2 cditas. de orégano
1 cdita. de finas hierbas picadas
1 cdita. de sal
2 tazas de crema de leche espesa
2/3 taza de vino blanco

Disolver la harina en la leche y reservar.

En una sartén, derretir la mantequilla y dorar el ajo. Agregar el orégano, las finas hierbas y sal.

Revolver y retirar del fuego. Incorporar gradualmente la leche reservada, revolviendo cada vez. De igual manera, agregar la crema y el vino. Rectificar la sazón. Cocinar hasta que espese ligeramente (si se desea una salsa más clara, agregar un poco más de leche).

Aparte, hervir agua con sal y aceite; incorporar los ravioles y cocinar por 20 minutos o más (verificar el tiempo indicado por el fabricante). Rectificar, escurrir y colocar en una fuente de servir. Rociar con la salsa y espolvorear con el queso parmesano. Servir de inmediato.

Sugerencia: acompañar con un vino tinto ligero (grupo 2).

Timbal italiano

1/2 lb (250 g) de fetuccines
1 cda. de aceite
3 huevos
1/4 taza de leche
2 cdas. de fécula de maíz
sal y pimienta, al gusto
2 lb (1 kg) de pollo despresado
1/2 cda. (6 g) de mantequilla
6 cdas. de miga de pan
2 cditas. de salsa Perrin's
1 1/2 cdas. de salsa de tomate
12 aceitunas negras deshuesadas
y cortadas en rodajas
4 oz (120 g) de jamón curado
cortado en trocitos
2 oz (60 g) de salami cortado en trocitos

Batir los huevos con la leche y la fécula; reservar. En una olla, hervir el agua con sal y aceite. cocinar la pasta por 10 minutos o hasta que esté *al dente*. Retirar, escurrir y mezclar con la mitad del huevo reservado; salpimentar.

Cocinar el pollo en poca agua, con sal y pimienta, hasta ablandar. Retirar, deshuesar y cortar la carne en trocitos.

Engrasar un molde para hornear con mantequilla y colocar una capa de miga de pan y encima, la mitad de los fetuccines.

Aparte, en otro recipiente, mezclar los huevos batidos restantes con las salsas Perrin's y de tomate, aceitunas, jamón, salami y el pollo; revolver y salpimentar al gusto. Colocar esta mezcla sobre los fetuccines, presionando un poco con una espátula. Cubrir con la pasta restante y volver a presionar. Espolvorear con más miga de pan.

Hornear a 175°C (350°F), por 15 minutos. Retirar del horno, dejar enfriar un poco y desmoldar sobre una fuente. Servir de inmediato.

Sugerencia: acompañar con un vino tinto de cuerpo (grupo 1).

Torta de pasta, carne y berenjenas

3/4 lb (375 g) de fideos o espaguetis
aceite, cantidad suficiente
1/2 lb (250 g) de carne molida de res o cerdo
1 1/2 cditas. de sal
1/2 cdita. de pimienta molida
3 huevos batidos
2/3 taza de crema de leche
3/4 taza de leche
1 cdita. de orégano
3/4 taza de queso Mozzarella
cortado en tajadas.
Hervir abundante agua con sal
y 1 cucharada de aceite.

Cocinar la pasta por 10 minutos o hasta que esté *al dente*. Reservar.

Calentar un poco de aceite en una sartén y cocinar la carne hasta que se separe. Reservar.

Para quitar el sabor amargo de las berenjenas, colocarlas en un colador rociadas con abundante sal. Dejar por 20 minutos para eliminar los jugos y luego enjuagar con agua, escurrir y secar con toallas de papel. Espolvorearlas con un poco de pimienta y freír en suficiente aceite. Retirar y escurrir sobre toallas de papel. Reservar.

Mezclar los huevos con la crema, leche, sal, pimienta y orégano. Rectificar la sazón; reservar. Engrasar un recipiente para hornear con mantequilla y colocar capas de pasta, berenjena, carne y queso. Repetir hasta terminar con los ingredientes. La última capa debe ser de queso. Hornear a 185°C (375°F), por 25 minutos y servir de inmediato.

Sugerencia: acompañar con un vino tinto ligero (grupo 2).

Arroz oriental «Grace»

1 taza de uvas pasas blancas
6 1/2 cdas. de margarina • 1 1/3 cdas. de curry
3 1/2 cditas. de cúrcuma, más 1/2 taza adicional
2 cebollas cortadas en juliana
1 lb (500 g) de carne de pollo deshuesada,
cortada en tronquitos
1 lb (500 g) de carne roja de cerdo, cortada en tiritas
1 cda. de salsa de soya
1 1/2 tazas de arroz de grano largo
pimienta de Cayena, al gusto
1/2 taza de agua
2 1/4 cditas. de sal
2 3/4 tazas de caldo de gallina (ver pág. 136)
1/2 taza de piñones (o almendras) cortadas
en tajadas y ligeramente tostados

Hervir las uvas pasas en suficiente agua, por 10 minutos. Retirar, escurrir y reservar.

En una sartén, derretir un poco de margarina con algo de curry y las cucharadas de cúrcuma. Dorar la cebolla, retirar y reservar.

En otra sartén, derretir otro poco de margarina y freír las carnes de pollo y cerdo; agregar la salsa de soya. Retirar y reservar.

Lavar el arroz y escurrir en un colador.

En un recipiente, derretir la mantequilla restante con el curry, el resto de cúrcuma y la pimienta de Cayena. Revolver e incorporar el agua, el caldo y sal. Hervir y luego añadir el arroz, revolviendo para mezclar. Cuando se haya evaporado el líquido de la superficie, incorporar las uvas pasas, piñones y cebolla. Revolver y tapar. Disminuir el fuego y dejar secar. Revolver cada 10 minutos, para que no se pegue al fondo, hasta que abra el grano y se seque un poco.

Mezclar con las carnes y rectificar la sazón. Servir de inmediato.

Sugerencia: acompañar con un vino blanco licoroso (grupo 7).

Jambalaya

2/3 lb (330 g) de salchicha picante de cerdo
1/4 lb (125 g) de tocineta finamente picada
2/3 lb (330 g) de jamón ahumado
cortado en troncos
2 cebollas finamente picadas
1/2 pimiento finamente picado
3/4 taza de apio finamente picado
3/4 cdita. de ajo triturado
1 3/4 tazas de arroz de grano largo
1/4 cdita. de pimienta negra recién molida
1/3 cdita. de pimienta de Cayena
1/4 cdita. de mostaza en polvo
1 3/4 cditas. de sal
3/4 cditas. de tomillo
1 hoja de laurel
2 tazas de caldo de gallina (ver pág. 136)
10 oz (300 g) de tomate enlatado
1 1/2 lb (750 g) de langostinos lavados,
pelados y desvenados

En una sartén grande que pueda llevarse al horno, dorar las salchichas. Agregar la tocineta y el jamón; cocinar por 4 minutos más.

Añadir la cebolla, pimiento, apio y ajo; revolver y dejar que los vegetales se ablanden. Incorporar el arroz y todos los condimentos; revolver raspando el fondo y cocinar por 5 minutos.

Agregar el caldo, tomates y langostinos; revolver y dejar hervir.

Tapar la sartén con papel aluminio y hornear a 175°C (250°F), por 25 minutos.

Retirar del horno y dejar reposar tapado, por 5 minutos. Destapar y servir de inmediato.

Sugerencia: acompañar con un vino tinto joven (grupo 3).

Arroz «isla fuerte»

16 almejas grandes
1 lb (500 g) de calamares limpios,
sin pico y cortados en anillos
1 1/2 cocos (abrir y retirar la pulpa)
1 langosta pelada y cortada en trozos
1 1/2 lb (750 g) de langostinos
pelados y desvenados
1 1/2 tazas de arroz de grano largo
3 cebollas largas finamente picadas
1/2 cdita. de ajo triturado
3 cditas. de sal
1/2 cdita. de pimienta molida
1/2 cdita. de tomillo picado

Cocinar las almejas en agua hirviendo, por 3 minutos. Retirar, enfriar y desprender de sus conchas. Reservar.

Picar la pulpa de coco y licuar con el mínimo de agua necesaria. Colar esta primera leche con un prensapuré o un lienzo y verterla en un recipiente. Licuar nuevamente la pulpa con agua suficiente para obtener 2 3/4 tazas de una segunda leche. Colar y reservar.

Hervir la primera leche, a fuego alto, hasta que el agua se evapore y quede el aceite de coco en el fondo, el cual formará grumos (que se cocinan como chicharrones). Dejar que éstos tomen un color canela claro e incorporar los mariscos, ajo y condimentos. Dorar por 5 minutos y agregar la segunda leche. Lavar el arroz hasta que el agua salga clara. Escurrir bien en un colador.

Cuando la segunda leche hierva, agregar el arroz y la cebolla. Dejar hervir sin tapar, hasta que el agua se evapore de la superficie y se formen «volcanes». Tapar, colocar una base para repartir el calor bajo el recipiente, disminuir el fuego y dejar secar por 25 minutos. Antes de servir, destapar, revolver los granos con un tenedor y dejar reposar por 5 minutos.

Sugerencia: acompañar con un vino blanco joven (grupo 8).

Enchiladas en salsa verde

Este plato también puede prepararse
con otras carnes.

8 tortillas mexicanas (ver pág. 90)
aceite, cantidad suficiente
1 taza de cebolla finamente picada
2 tazas de salsa verde mexicana (ver pág. 98)
1 taza de crema de leche
1 taza de queso suizo molido (opcional)

Guiso:

6 contramuslos de pollo
1 cebolla finamente picada
8 cdas. de cilantro fresco picado
1 chile, sin semillas, desvenado y picado
1 tomate picado
1/2 taza de leche
sal, pimienta, comino
y chile en polvo, al gusto

Para preparar el guiso, cocinar todos los ingredientes en una olla tapada, a fuego bajo, hasta que el pollo se ablande. Retirar, deshuesar y deshilachar la carne. Reservar.

Calentar el aceite en una sartén, a fuego bajo, y freír apenas las tortillas (no deben quedar duras). Retirar y escurrir sobre toallas de papel.

Rellenar las tortillas con el guiso y ubicarlas en una refractaria. Esparcir encima la cebolla, salsa verde, crema y por último, el queso. Hornear a 175°C (350°F), por 25 minutos. Servir calientes, con salsa para enchilada.

Paella marinera

Ver fotografía en la pág. 29

2¹/₂ cditas. de sal • ¹/₄ cdita. de pimienta molida
1 cdita. de paprika • ¹/₃ cdita. de comino
1 lb (500 g) de langostinos pelados, lavados y desvenados (reservar los caparazones)
¹/₄ lb (125 g) de vieiras • ¹/₂ lb (250 g) de calamares limpios cortados en anillos
³/₄ lb (375 g) de filetes de tiburón o pargo, cortados en trocitos de igual tamaño
¹/₂ lb (250 g) de pulpo cortado en tajadas • ¹/₂ lb (250) de carne de langosta
8 almejas grandes • 12 mejillones
1 g de azafrán molido en mortero y mezclado con ¹/₄ taza de agua hirviendo
¹/₂ cabeza de pescado • 5 cdas. de aceite de oliva
1 cdita. de ajo picado • 1 puñado de guisantes despuntados y desvenados
1 tomate mediano finamente picado • ¹/₂ cebolla mediana finamente picada
1 pimiento rojo grande (¹/₂ cortado en tiras anchas y largas; ¹/₂ picado)
1¹/₂ tazas de arroz (preferentemente redondo) • 2 cdas. de arvejas verdes
4¹/₂ tazas de caldo (ver receta) • 12 aceitunas deshuesadas
2 cdas. de perejil fresco picado • 4 cdas. de Jerez

Mezclar la sal con la pimienta, paprika y comino. Reservar hasta el momento de incorporar los condimentos. Condimentar y reservar separados: los langostinos, las vieiras, los calamares, el pescado y el pulpo. Mezclar, condimentar y reservar la cebolla con el tomate y pimiento picados.

Hervir suficiente agua en una olla, introducir los mejillones por 4 minutos, retirar, descartar los que no se abrieron y desprender media concha. Repetir el mismo procedimiento con las almejas. Reservar ambos por separado.

Agregar a la olla los caparazones reservados de los langostinos y la ¹/₂ cabeza de pescado. Hervir por 20 minutos. Colar el caldo. Descartar el líquido del fondo porque puede contener un poco de arena. Reservar 4¹/₂ tazas para la paella (ver ingredientes).

Calentar el aceite en una paellera y dorar el ajo con el pescado; revolver. Agregar los calamares y el pulpo; dejar dorar y agregar los guisantes y la mezcla reservada de cebolla, tomate y pimiento picados. Dejar reducir el líquido.

Lavar el arroz hasta que el agua salga clara y escurrir en un colador.

Incorporar el arroz a la paellera con las arvejas, azafrán diluido, caldo y mezcla de condimentos reservados. Revolver todo muy bien. Añadir las aceitunas, mejillones, almejas, vieiras, langostinos y carne de langosta. Presionar bien con una espátula para que todos los ingredientes queden sumergidos en el líquido. Decorar con las tiras de pimiento y salpicar con el perejil picado.

Dejar hervir hasta que forme «volcanes». Reducir el fuego al mínimo y dejar secar lentamente, lo cual puede tomar 25 o más minutos, hasta que al abrir un hueco en el arroz, éste se vea separado y seco.

En el fondo de la paellera se debe formar una capa delgada de «pegado», para que la paella tome el clásico sabor ahumado campesino. Cinco minutos antes de servir, rociar con el Jerez.

Nota: los ingredientes de la paella pueden variar según la región en que se prepare. Por lo tanto, los ingredientes pueden variarse al gusto, conservando las proporciones.

Sugerencia: acompañar con un vino rosado (grupo 4).

Acompañamientos

Arroz a la paprika

2³/4 tazas de arroz de grano largo
¹/3 taza de sal
¹/2 lb (250 g) de pimiento rojo
4 tazas de agua
3 cditas. de paprika más ¹/2 cdita. de comino
en polvo, disueltos en ¹/2 taza de agua
8 cdas. de aceite de oliva

Colocar el arroz en un recipiente, agregar suficiente agua fría hasta cubrirlo y la sal. Revolver y cocinar por 1¹/2 hora o hasta que esté blanco y crecido.

Licuar el pimiento con las 4 tazas de agua y hervir en una olla grande. Agregar el arroz con el agua, revolver bien y descartar el exceso de líquido (debe quedar 3 cm más arriba del arroz).

Hervir sin tapar, revolviendo frecuentemente, hasta que los granos estén *al dente* (semicocidos). Retirar y colar.

Lavar bien la olla para que no queden granos pegados. Forrar el fondo y parte de los lados con papel aluminio. Rociar el fondo con 4 cucharadas del aceite y un poco de la paprika diluida.

Esparcir el arroz con la mano, dentro de la olla, sin presionar, para que quede suelto. Rociar uniformemente con el aceite y paprika restantes.

Con el cabo de una cuchara, abrir varios huecos hasta el fondo del arroz. Tapar y cocinar a fuego alto por 4 minutos. Destapar y dejar salir el vapor por los huecos. Colocar una tela sobre la olla y tapar herméticamente. Reducir el fuego y dejar cocinar por 20 minutos más.

Verificar la cocción y dejar más tiempo hasta que esté cocido.

Para servir, destapar y colocar una bandeja sobre la olla. Invertirla para desmoldar. Retirar el papel aluminio con cuidado. Debe quedar una corona de arroz dorado sobre la superficie.

Arroz con fideos

1¹/2 tazas de arroz de grano largo
3 oz (90 g) de fideos, partidos en 3
2 cdas. de aceite de oliva
1 cebolla larga entera
¹/2 cdita. de ajo triturado
2³/4 tazas de agua
1 cda. de sal
1 cdita. de jugo de limón

Lavar el arroz, hasta que el agua salga clara; escurrir en un colador.

En una sartén, tostar los fideos hasta que tomen un color dorado oscuro; retirar y reservar.

Calentar el aceite en un recipiente, a fuego alto, y dorar ligeramente la cebolla y el ajo. Agregar el agua y la sal; dejar hervir. Incorporar el arroz, jugo de limón y fideos; revolver y dejar hervir hasta que el agua de la superficie se evapore. Tapar, reducir el fuego a ¹/4.

Colocar una base bajo el recipiente para repartir el calor y dejar secar por 25 minutos. Antes de servir, revolver con un tenedor grande para que los granos se suelten. Descartar la cebolla.

Arroz con espinacas

1/2 paquete (140 g) de espinacas, lavadas,
escurridas y desvenadas
2 1/2 tazas de agua (ver preparación)
1 1/2 tazas de arroz de grano largo
2 cdas. de aceite de oliva
1 cdita. de ajo triturado
1 cda. de sal
1 cdita. de jugo de limón
1 cda. de vinagre
1/2 cdita. de azúcar

Licuar las espinacas con 1 1/2 tazas de agua. Completar con el agua restante y reservar para utilizar en la cocción.

Lavar muy bien el arroz hasta que el agua salga clara; escurrir en un colador.

Calentar el aceite en un recipiente y dorar ligeramente el ajo. Agregar el agua con espinaca reservada y la sal; dejar hervir y agregar el arroz, jugo de limón, vinagre y azúcar.

Revolver, tapar y dejar hervir hasta que el líquido se haya evaporado de la superficie. Reducir el fuego a 1/4.

Colocar una base bajo el recipiente, para repartir el calor, y dejar secar por 25 minutos.

Antes de servir, revolver con un tenedor grande para que los granos se suelten.

Arroz frito de Jade

Este plato debe prepararse
con anticipación.

1/4 lb (125 g) de tocineta finamente picada
1 1/4 cdas. de aceite de oliva
1/2 lb (250 g) de brócoli (pelar los tallos
y cortarlos en tiritas. Separar en ramos)
3/4 lb (375 g) de guisantes frescos
1 3/4 tazas de apio finamente picado
4 cdas. de arvejitas verdes cocidas
3 1/2 tazas de arroz blanco cocido
2 cdas. de salsa de soya
2 huevos batidos

En un *wok*, dorar la tocineta para que suelte la grasa. Retirarla con una cuchara escurridora.

Agregar a la grasa el aceite, calentar y dorar el brócoli con el apio, guisantes y arvejitas, hasta que empiecen a marchitarse.

Agregar el arroz y la salsa de soya. Revolver bien y abrir un «nido» en el centro, para verter los huevos. Dejar que cuajen un poco y luego revolver con el arroz. Salpicar con la tocineta triturada. Dejar tapado 5 minutos más, antes de servir.

Arroz con garbanzos

1 1/2 tazas de arroz de grano largo
2 cdas. de aceite de oliva
1 cebolla larga entera
1/2 cdita. de ajo triturado
2 3/4 tazas de agua
(incluyendo el líquido de los garbanzos)
1 cda. de sal • 1 cdita. de jugo de limón
1 taza de garbanzos precocidos enlatados
(reservar el líquido)

Lavar muy bien el arroz, hasta que el agua salga clara; escurrir en un colador.

Calentar el aceite en un recipiente, a fuego alto, y dorar ligeramente la cebolla y el ajo. Agregar el agua y la sal; dejar hervir. Incorporar el arroz, jugo de limón y garbanzos; revolver y dejar hervir hasta que el agua de la superficie se evapore. Revolver por última vez, tapar, reducir el fuego a 1/4. Colocar una base bajo el recipiente para repartir el calor y dejar secar por 25 minutos.

Antes de servir, revolver con un tenedor para que los granos se suelten. Descartar la cebolla.

Arroz con pimiento

1 1/2 tazas de arroz de grano largo
2 cdas. de aceite de oliva
2 pimientos rojos (1 licuado con el agua
y 1 cortado en trocitos)
1/2 cdita. de ajo triturado
2 3/4 tazas de agua
1 cda. de sal
1 cdita. de jugo de limón
1 cdita. de paprika

Lavar muy bien el arroz, hasta que el agua salga clara; escurrir en un colador.

Calentar el aceite en un recipiente, a fuego alto, y dorar ligeramente al ajo y el pimiento. Agregar el agua y la sal; dejar hervir. Incorporar el arroz, jugo de limón y paprika; revolver y dejar hervir hasta que el agua de la superficie se evapore. Tapar, reducir el fuego a 1/4 y colocar una base bajo el recipiente para repartir el calor; dejar secar por 25 minutos.

Antes de servir, revolver con un tenedor grande para que los granos se suelten.

Arroz con queso

4 tazas de arroz blanco cocido
1 1/2 tazas de queso gruyere rallado
2 huevos batidos con 1 cdita. de sal
1/4 cdita. de pimienta de Cayena

Mezclar todos los ingredientes y colocarlos en una refractaria previamente engrasada con mantequilla, o en una bandeja de servir. Hornear a 185°C (375°F), por 15 minutos.

Nota: también pueden agregarse unos champiñones cortados en laminillas y fritos en mantequilla.

Arroz al ajonjolí

4 tazas de arroz blanco cocido
5 cdas. de aceite de ajonjolí
1/2 taza de semillas de ajonjolí
3/4 taza de cebolleta picada
5 oz (150 g) de raíces chinas
1 1/4 cdas. de salsa de soya

En un *wok*, calentar el aceite y agregar las semillas de ajonjolí. Cuando comiencen a dorar, incorporar la cebolleta y raíces chinas. Cocinar hasta que se coloreen, reducir el fuego e incorporar la salsa de soya. Revolver y añadir el arroz. Tapar y dejar a fuego bajo por 15 minutos.

Arvejitas verdes

1 lb (500 g) de arvejitas verdes
1/4 tomate maduro pelado, sin semillas y picado
1/4 cebolla picada
1/2 cubo (6 g) de caldo de gallina concentrado
3/4 taza de leche
1/2 cdita. de mostaza
1/2 cdita. de sal
1/4 cdita. de pimienta molida

Licuar juntos el tomate con la cebolla, caldo concentrado y leche. Colocar en una olla con los ingredientes restantes y cocinar por 15 minutos, o hasta que se ablanden. Retirar del fuego, rectificar la sazón y servir.

Puré de lentejas

3/4 lb (375 g) de lentejas (remojar desde la víspera en suficiente aguja que las cubra)
1 1/2 cdas. de aceite de oliva
1/2 cdita. de ajo triturado
2 cebollas largas finamente picadas
1/2 tomate pelado y finamente picado
1 3/4 cditas. de sal
1/4 cdita. de pimienta molida
1/2 cubo (6 g) de caldo de gallina concentrado

Calentar el aceite en una olla y dorar el ajo, la cebolla y el tomate hasta colorear. Agregar las lentejas y el agua de remojo que sólo debe llegar al nivel del grano. Incorporar los condimentos; revolver, tapar y cocinar a fuego bajo hasta que ablanden. Revolver frecuentemente. Retirar del fuego y dejar enfriar. Pasar la preparación por un prensapuré. Calentar antes de servir, si fuera necesario.

Frijolitos blancos de Massachusetts

1 lb (500 g) de frijolitos blancos (remojar desde la víspera en suficiente agua que los cubra)
1/2 cda. de polvo para hornear
1/2 cubo (6 g) de caldo de gallina concentrado
1 taza de salsa de tomate
1/3 taza de azúcar morena o panela
1 1/4 cdas. de sal
1/2 cdita. de pimienta molida
1 cdita. de salsa Tabasco
1/2 lb (250 g) de tajadas de tocineta
1 cebolla cortada en finas rodajas

Cocinar los frijolitos con el caldo concentrado y el polvo para hornear, en el agua de remojo (debe sobrepasar 3 cm). Hervir a fuego bajo hasta ablandar. Colar y reservar.

En una olla pequeña, hervir la salsa de tomate con el azúcar, sal, pimienta y salsa Tabasco, hasta que el azúcar se disuelva. Retirar del fuego y reservar.

Cubrir el fondo de una refractaria con tajadas de tocineta y disponer por capas sucesivas los fríjoles y cebolla, hasta terminar con una capa de cebolla cubierta con tocineta. Rociar uniformemente con la salsa de tomate reservada. Hornear a 150°C (300°F), por 20 a 25 minutos.

Tortillas mexicanas

2 tazas (250 g) de «masa-harina»
(harina de maíz amarillo precocida)
1 1/2 tazas de agua tibia
1 recipiente con agua tibia,
(para humedecer las manos)

Colocar la harina en un recipiente, agregar el agua y amasar bien.

Formar una bola con la harina. Tapar con una tela húmeda y dejar reposar por 10 minutos.

Calentar una plancha de hierro (preferentemente antiadherente) para asar las tortillas.

Retirar un poco de masa y formar, con las manos, una bolita del tamaño de una nuez.

Colocar la bolita sobre un plástico grande, doblar la mitad del plástico sobre ella y aplanar con la mano hasta que esté delgada y aproximadamente, de 12 cm de diámetro.

Separar el plástico y asar la tortilla sobre plancha caliente, por 20 segundos. Voltear con una espátula y dejar por 15 segundos más. Retirar, colocar sobre una servilleta de tela que las cubre y reservar caliente.

PARA 10 TORTILLAS, APROXIMADAMENTE.

Fríjoles refritos

Este plato debe prepararse
con 2 días de anticipación.

3/4 lb (375 g) de fríjoles rojos (remojar desde
la víspera en suficiente agua que los cubra)
1 1/2 cdas. de aceite de oliva
1/2 cdita. de ajo triturado
2 cebollas largas finamente picadas
1/2 tomate pelado finamente picado
1 3/4 cditas. de sal
1/4 cdita. de pimienta molida

Calentar el aceite en una olla y dorar el ajo, la cebolla y el tomate hasta colorear. Agregar los fríjoles, el agua de remojo, sal y pimienta. Cocinar a fuego bajo hasta que ablanden, revolviendo frecuentemente.

Si fuera necesario, agregar más agua durante la cocción, para que no se sequen.

Retirar del fuego, colar y dejar en un recipiente hasta el día siguiente. Calentar una sartén y freír los fríjoles revolviendo. Servir de inmediato.

Apio en salsa

*6 tallos de apio grandes, cortados en tiras
largas y delgadas
3/4 taza de leche
1 cdita. de pasta de tomate
1 cdita. de salsa Perrin's
1 cdita. de queso parmesano rallado
1/2 cdita. de tomillo
sal y pimienta, al gusto*

Mezclar todos los ingredientes, excepto el apio, y cocinar en una olla con tapa. Incorporar el apio y continuar la cocción por 10 minutos más, revolviendo de vez en cuando. Servir caliente, rociado con la salsa.

Cebolla con repollo

*1/2 lb (250 g) de repollo cortado en juliana
1/2 lb (250 g) de cebolla roja finamente picada
1 tomate maduro pequeño, finamente picado
1 cda. de aceite de oliva
1/2 taza de leche
sal, pimienta y comino, al gusto*

Cocinar el repollo en la canastilla de una olla de vapor, por 15 minutos, o hasta que pierda su transparencia. Retirar, escurrir y reservar.

Calentar el aceite en una sartén y dorar la cebolla y el tomate. Agregar el repollo, la leche y los condimentos. Revolver y dejar cocinar por 10 minutos más, antes de servir.

Pastel de berenjena

*1 1/4 lb (625 g) de berenjena pelada y cortada
en rodajas de 1/2 cm de grosor
1 huevo batido
1 1/2 cditas. de sal
1/2 cdita. de pimienta molida
aceite para freír, cantidad suficiente
harina de trigo para rebozar, cantidad suficiente
2 cdas de aceite de oliva
1 cebolla finamente picada
2 cdas. de queso gruyere rallado
1 cdita. de salvia picada*

Para retirar el sabor amargo de la berenjena, colocar en un colador con abundante sal. Dejar por 20 minutos hasta eliminar los jugos. Enjuagar bien con mucha agua, escurrir y secar con toallas de papel. Reservar. Batir el huevo con la sal y pimienta.

Calentar el aceite, pasar cada rodaja por el huevo batido, luego rebozar en la harina y freír por ambos lados hasta dorar; retirar y escurrir sobre toallas de papel. Reservar.

Engrasar una refractaria con mantequilla y disponer capas de berenjena, cebolla, queso y salvia, terminando con una capa de queso.

Hornear a 175°C (250°F), por 10 minutos. Servir de inmediato.

Pimientos al aceite

1 lb (500 g) de pimientos rojos cortados en 4
1/2 taza de aceite de oliva
1/2 cdita. de ajo triturado
1/2 cda. de paprika
1 cdita. de sal
1/4 cdita. de pimienta molida

Cocinar los pimientos en la canastilla de una olla de vapor, por 10 minutos. Retirar y escurrir.

Calentar el aceite en una olla y dorar el ajo. Revolver con la paprika, sal y pimienta y dejar cocinar por 5 minutos. Incorporar los pimientos, rociar bien con el aceite. Retirar del fuego, dejar enfriar y marinar por 1 hora o más.

Se pueden servir fríos o calientes.

Tomates Horneados

4 tomates maduros
4 tajaditas de mantequilla
1 cdita. de finas hierbas
sal y pimienta, al gusto

Sumergir los tomates en agua hirviendo, por 3 minutos. Retirar, enfriar, pelar y cortar la tapa superior.

Colocar en una lata para hornear, previamente engrasada con mantequilla.

Cubrir cada uno con la tajadita de mantequilla, espolvorear encima con sal, pimienta y finas hierbas. Hornear a 175°C (350°F), por 15 minutos. Servir calientes.

Puré de zanahoria

1 lb (500 g) de zanahoria pelada,
cortada en rodajas
4 cdas. de crema de leche
2 cdas. de queso parmesano rallado
sal y pimienta, al gusto

Colocar un poco de agua en una olla de vapor y cocinar las zanahorias en la canastilla, por 20 minutos, o hasta que ablanden. Retirar, escurrir y dejar enfriar. Procesar o pasar por un prensapuré.

Mezclar con la crema y el queso, hasta obtener un puré suave. Salpimentar al gusto. Calentar antes de servir.

Puré de manzanas

4 manzanas rojas grandes, peladas, sin corazón
y cortadas en trocitos
1 cda. de azúcar
1 cda. (13 g) de mantequilla
1 cda. de vino blanco
2 cdas. de ron

Cocinar las manzanas en una olla con tapa, a fuego bajo, con los ingredientes restantes, durante 15 minutos.

Cuando estén blandas, pasar por un prensapuré. Servir caliente.

Papas a la brasa

4 papas grandes lavadas
y cortadas en mitades
4 cdas. de queso blanco o gruyere rallado
1 1/2 cdas. (20 g) de mantequilla
1 cdita. de orégano
1/2 cdita. de sal
1/4 cdita. de pimienta molida

Mezclar el queso con la mantequilla y condimentos hasta obtener una pasta. Reservar.

Con una cuchara, retirar un poco de pulpa en cada mitad de papa y rellenar el hueco con la pasta reservada. Juntar las mitades y envolver en papel aluminio.

Asar en una barbacoa caliente, volteándolas de vez e cuando, o en horno a 200°C (400°F) por 45 minutos. Servir de inmediato.

Tortilla iraní de papas

2 lb (1000 g) de papa pelada
1 1/2 cebollas
1 taza de hojas de hierbabuena picadas
1 1/4 cditas. de sal
1/2 cdita. de pimienta

Picar finamente, en un procesador de alimentos, las papas y la cebolla. Escurrir en un colador. En un recipiente, mezclar las papas procesadas con los condimentos y hierbabuena. Amasar y formar tortillas no muy gruesas.

En una sartén bien untada con aceite, freír las tortillas por ambos lados, hasta dorar.

Servir calientes.

Tortilla española de papas

2 lb (1000 g) de papa pelada
2 cdas. de aceite de oliva
4 cdas. de cebolla finamente picada
1 1/2 cdas. de ajo picado
1 1/4 cditas. de sal
1/2 cdita. de pimienta molida
2/3 cdita. de orégano
3 huevos batidos

Cocinar las papas en una olla con agua salada hirviendo, hasta que puedan traspasarse fácilmente con un tenedor. Retirar, escurrir y cortar en cubitos. Reservar.

Calentar el aceite en una sartén y dorar la cebolla y el ajo por 2 minutos, agregar la papa y los condimentos. Dejar dorar ligeramente. Retirar y verter en una refractaria cubierta con un fondo de papel aluminio.

Repartir uniformemente los huevos batidos, sobre las papas, revolver y compactar con la mano. Hornear a 200°C (400°F), por 15 minutos.

Desmoldar sobre un plato, invirtiendo la refractaria. Desprender el papel aluminio y dejar enfriar. Cortar en cuadros y servir.

Papas con perejil

2 lb (1000 g) de papas peladas
y redondeadas
sal y pimienta, al gusto
4 cdas. (50 g) de mantequilla derretida
6 cdas. de perejil fresco picado

Hervir las papas en una olla con agua, hasta que puedan traspasarse fácilmente con un tenedor. Retirar, escurrir y cortar en cubos.

Salpimentar, rociar con mantequilla y espolvorear con perejil. Servir calientes.

Puré de papa

2 lb (1000 g) de papa pelada
y cortada en mitades
1/4 taza de leche
2 cdas. (26 g) de mantequilla
sal y pimienta, al gusto

Hervir las papas en una olla con agua, hasta que puedan traspasarse fácilmente con un tenedor. Retirar y escurrir.

Procesar o pasar las papas por un prensapuré.

Mezclar con la leche y la mantequilla, hasta obtener un puré suave. Salpimentar al gusto. Servir caliente.

Papas en picadillo

2 lb (1000 g) de papas lavadas
(retirar los nudillos con la punta de un cuchillo)
4 cdas. de aceite de oliva
1 cebolla finamente picada
3 cebollas largas finamente picadas
4 cdas. de perejil fresco picado
sal y pimienta, al gusto

Hervir las papas en una olla con agua y sal, hasta que se puedan traspasar con un chuzo fácilmente. Retirar, escurrir, dejar enfriar y cortar en tronquitos.

Calentar el aceite en una sartén y dorar las cebollas. Revolver con las papas, perejil y condimentos. Dejar cocinar por unos minutos y servir calientes.

Papas al estilo kuku

2 lb (1000 g) de papas peladas y cortadas en 4
4 yemas de huevo
1 1/4 cditas. de sal
1/2 cdita. de pimienta molida
1/4 cdita. de hinojo
aceite para freír, cantidad suficiente

Hervir las papas en una olla con agua, hasta que puedan traspasarse fácilmente con un tenedor (no deben quedar muy cocidas). Retirar y escurrir bien.

Pasar las papas por un prensapuré y mezclar con los ingredientes restantes. Amasar para formar arepuelas.

Calentar bien el aceite en un recipiente y freír las arepuelas hasta dorar. Retirar, escurrir sobre toallas de papel y servir calientes.

Papas francesas a la crema

2 lb (1000 g) de papa de cáscara
roja, pelada y cortada en tiras
aceite para freír, cantidad suficiente
sal y pimienta, al gusto

Salsa:

1 taza de leche
3 cdas. de mayonesa
4 cdas. (50 g) de mantequilla

Calentar el aceite en un recipiente y freír las tiras de papa hasta que estén ligeramente doradas, revolviendo para que no se peguen. Retirar y escurrir sobre toallas de papel. Salpimentar al gusto.

Mezclar los ingredientes de la salsa en una olla y cocinar con las papas por 15 minutos, a fuego bajo. Revolver.

Aumentar el fuego y continuar la cocción hasta que la salsa esté cremosa. Servir calientes.

Papas hawaianas

2 lb (1000 g) de papas pequeñas, peladas
3 huevos duros pelados (reservar las yemas;
cortar las claras en trocitos)
1/4 lb (125 g) de queso campesino
1/4 lb (125 g) de queso crema
3 1/2 cdas. de aceite de oliva
3 1/2 cdas. de leche
1/2 cdita. de ajo triturado
2/3 cdita. de sal
1/2 cdita. de pimienta molida
4 cdas. de jugo de limón
3 cdas. de jugo de naranja agria
8 aceitunas negras deshuesadas,
cortadas en trocitos
1/2 cdita. de paprika

Cocinar las papas en una olla con agua y sal, hasta que puedan traspasarse con un tenedor.

Procesar las yemas con los quesos, aceite, leche, ajo, sal, pimienta y ambos jugos, hasta obtener una crema suave.

Colocar las papas en una refractaria previamente engrasada con mantequilla, rociar con la crema, y salpicar con las claras, aceitunas y paprika. Hornear a 175°C (350°F), por 15 minutos.

Servir de inmediato.

Papas horneadas con queso

4 papas grandes peladas, lavadas y cortadas
en mitades a lo largo
1 cda. (13 g) de mantequilla
sal y pimienta, al gusto
4 cdas. de queso gruyere rallado

Engrasar una refractaria con mantequilla y colocar las mitades de papa con la parte cortada hacia arriba. Salpimentar y hornear a 175°C (250°F), por 25 minutos, o hasta que puedan pincharse con facilidad.

Esparcir encima el queso y hornear por 10 minutos más.

Servir de inmediato.

Papas fritas

2 lb (1000 g) de papa roja pelada
y cortada en tiritas
aceite para freír, cantidad suficiente
sal y pimienta, al gusto

Calentar el aceite en un recipiente y freír las tiritas de papa, hasta que estén doradas, revolviendo para que no se peguen.

Retirar, escurrir sobre toallas de papel y salpimentar al gusto.

Servir de inmediato.

Papas postizas

2 lb (1000 g) de papas peladas
2 cdas. (25 g) de mantequilla
2 yemas de huevo batidas
1/4 lb (125 g) de queso blanco molido
1 cdita. de sal
2 claras de huevo medio batidas
miga de pan seco, para rebozar

Cocinar las papas en una olla con agua salada hirviendo, hasta que puedan traspasarse fácilmente con un tenedor.

Enfriar, triturar y amasar las papas con la mantequilla, yemas, queso y sal. Formar unas bolas.

Pasarlas por la clara batida y luego rebozar en la miga de pan. Colocarlas en una refractaria y hornear a 200°C (400°F), por 10 minutos, o hasta dorar.

Servir de inmediato.

Papas cocidas

2 lb (1000 g) de papas peladas
y redondeadas
2 tazas de leche
sal y pimienta, al gusto

Hervir las papas en una olla, con la leche y un poco de agua (el líquido sólo debe cubrirlas), hasta que puedan traspasarse con un tenedor.

Salpimentar al gusto y servir calientes.

Espaguetis al pesto

1/2 lb (250 g) de espaguetis

Pesto:

1 1/3 tazas de hojas de albahaca fresca
4 cditas. de ajo picado • 3 cdas. de piñones
1 taza de aceite de oliva extravirgen
1 1/4 cditas. de sal
3 cdas. de queso parmesano rallado
3 cdas. de queso blanco rallado

Procesar la albahaca con el ajo y piñones. Agregar el aceite, sal y quesos, hasta obtener una pasta suave. Rectificar la sazón y agregar más aceite, si fuera necesario.

Cocinar los espaguetis en una olla, con agua salada hirviendo y 2 cucharadas de aceite, por 8 a 12 minutos (verificar el tiempo con el indicado por el fabricante). Retirar, escurrir y servir caliente, con el pesto.

Sugerencia: acompañar con un vino tinto ligero (grupo 2).

Fetuccines «Alfredo»

3/4 lb (375 g) de fetuccines

Salsa:

2 tazas de crema de leche espesa
3/4 taza de queso parmesano rallado
1/2 cdita. de pimienta molida
1 1/4 cditas. de sal
1 cdita. de orégano

Cocinar los fetuccines en una olla, con agua salada hirviendo y 2 cucharadas de aceite, por 8 a 12 minutos, o hasta que estén *al dente*. Retirar y escurrir.

En una olla, mezclar los ingredientes restantes y cocinar a fuego medio, revolviendo hasta que el parmesano se derrita e incorpore. Rectificar la sazón al gusto y revolver con los fetuccines hasta que se impregnen bien. Servir calientes, con más queso parmesano.

Sugerencia: acompañar con un vino blanco seco (grupo 5).

Fideos a la mantequilla

3/4 lb (375 g) de fideos
6 cdas. (80 g) de mantequilla
1/4 cdita. de pimienta molida
1 1/4 cditas. de sal
1 1/4 cditas. de orégano

Cocinar los fideos en una olla, con agua salada hirviendo y 2 cucharadas de aceite, hasta que estén *al dente*. Retirar y escurrir.

En otra olla, calentar los ingredientes restantes y revolver con los fideos. Servir calientes.

Banano dulce al horno

*3 bananos maduros, pelados y cortados
en finas tajadas diagonales
1/4 taza de crema de leche
4 cditas. de azúcar granulada
1 cdita. (4 g) de mantequilla, para
untar el molde*

Engrasar una refractaria con mantequilla. Esparcir un poco de crema en el fondo y disponer encima las tajadas de banano. Rociar con azúcar y crema de leche.

Hornear a 200°C (400°F) por 15 minutos, o hasta dorar la superficie.

Piña frita

*4 rodajas de piña enlatada, escurridas,
secadas y cortadas en 4
aceite para freír, cantidad suficiente
harina de trigo para rebozar
2 claras de huevo semibatidas
miga de pan para rebozar*

Calentar bien el aceite en un recipiente. Pasar los trozos de piña primero por harina, luego por las claras y por último por la miga de pan. Freír en el aceite caliente, retirar y escurrir sobre toallas de papel. Servir de inmediato.

Salsa verde mexicana

*2 tomates verdes, cortados en 4
1/2 cebolla amarilla picada
1 cdita. de ajo picado
6 cdas. de cilantro fresco picado
2 chiles jalapeños verdes,
sin semillas y picados
1 cdita. de sal
3/4 cdita. de comino en polvo
1/4 cdita. de pimienta blanca
1/4 cdita. de chile en polvo (si fuera necesario)
1 taza de agua*

Licuar juntos todos los ingredientes.

Cocinar en una olla con tapa, por 10 minutos.

Retirar del fuego, dejar enfriar, rectificar la sazón y agregar más picante al gusto. Refrigerar.

PARA 3 TAZAS

Sangría

2³/4 tazas de vino tinto
2 tazas de soda
4 cdas. de Cognac
4 cdtas. de azúcar granulada
1 limón amarillo cortado en rodajas
1 naranja pelada en espiral (reservar la cáscara
y cortar la pulpa en rodajas)
suficiente hielo

En una jarra de suficiente tamaño, mezclar el vino con la soda, Cognac y azúcar. Refrigerar.

Lavar la cáscara de naranja y colocarla dentro de la jarra.

Las rodajas de limón y naranja se agregan con el hielo en el momento de servir.

Puré de yuca

4 buenos trozos de yuca
2 cdas. de jugo de limón
sal y pimienta, al gusto
2 cdas. (25 g) de mantequilla
1 cda. de perejil finamente picado

En una olla hervir el agua, luego agregar la yuca y el jugo de limón. Tapar y cocinar hasta que ablande y pueda traspasarse fácilmente con un tenedor.

Retirar, escurrir y cortar en trozos la yuca. Pasar por un prensapuré.

Mezclar con la mantequilla, salpimentar y rociar con el perejil picado.

Ensaladas

Ensalada enchilada

3 tomates rojos medianos picados finos
1 cebolla roja mediana picada fina
1/2 taza de cilantro fresco, picado fino
1 chile jalapeño o ají grande, sin semillas, triturado
2 cdas. de pasta de tomate
2 cdas. del líquido de 1 lata de tomates
2 cdas. de jugo de limón • 2 cdas. de vinagre
2 cdas. de aceite • 1 cdita. de sal
1/4 cdita. de pimienta molida

Colocar todos los ingredientes en una ensaladera y mezclar bien. Refrigerar y rectificar la sazón antes de servir.

Bandera de pimientos

Ver fotografía en la pág. 30

3 pimientos (1 verde, 1 amarillo y 1 rojo)
cortados en tajadas grandes
1/4 taza de cubitos de pan tostados, para decorar

Aderezo:

1/4 taza de aceite de oliva
1/2 taza de vinagre de estragón
1/4 cdita. de sal
1 pizca de pimienta negra recién molida

Cocinar los pimientos al vapor por 5 minutos. Retirar, escurrir y disponer en una ensaladera.

Mezclar los ingredientes del aderezo y verter sobre los pimientos.

En el momento de servir, decorar con los cubitos de pan tostado.

Alcachofas a mi estilo

8 corazones de alcachofa
1 tomate pelado, cortado en cascos
16 champiñones cortados en 4
4 hojas de lechuga cortada en trocitos
2 hojas de espinaca cortadas en trocitos
1 cebolla mediana cortada en rodajas
y separada en anillos
8 aceitunas verdes deshuesadas,
cortadas en rodajas
queso parmesano rallado, para cubrir

Aderezo:

8 cdas. de vinagre de vino
8 cdas. de aceite de oliva
1 cdita. de mostaza amarilla
1 pizca de cada uno: tomillo,
albahaca y orégano
sal y pimienta

Disponer las verduras en una ensaladera. Combinar todos los ingredientes del aderezo en un frasco, agitándolo para mezclarlos bien. Rectificar la sazón.

Rociar sobre las verduras y salpicar con queso parmesano.

Ensalada «César»

1/2 lechuga batavia, lavada, escurrida y picada
1 huevo semibatido
1/2 taza de queso parmesano rallado
2 filetes de anchoa picados
1/2 taza de cubitos de pan, tostados

Aderezo:

1/2 taza de aceite de oliva
1/2 cdita. de ajo triturado • 1 pizca de sal
1 pizca de pimienta negra recién molida
4 cdas. de jugo de limón

Mezclar el huevo con el queso y las anchoas. Colocar la lechuga en una ensaladera y revolver con el huevo hasta impregnar bien.

Mezclar aparte los ingredientes del aderezo y reservar. En el momento de servir, incorporar los cubitos de pan y rociar el aderezo.

Tabbulé

1/2 taza de trigo de grano mediano, remojado en suficiente agua, mínimo por 1 hora, hasta que esté «al dente» y exprimido a mano
1/2 taza de perejil fresco picado
1/2 taza de hierbabuena fresca picada
3 tomates medianos picados finos
6 cebollas largas, picadas finas
1 pepino cohombro mediano, pelado y cortado en trozos • 1 1/2 cditas. de sal
1/4 cdita. de pimienta molida
4 cdas. de jugo de limón
3 cdas. de aceite de oliva
6 gotas de salsa Tabasco
4 hojas grandes de lechuga, enteras, para servir

Mezclar bien todos los ingredientes y colocarlos en una ensaladera, sobre las hojas de lechuga. Refrigerar hasta el momento de servir.

Ensalada de repollo al vino

1 repollo verde pequeño separado en hojas desvenado y picado en trocitos
3 oz (90 g) de tocineta picada fina
1 taza de vino blanco seco
1 taza de vinagre blanco
sal y pimienta, al gusto

Lavar y escurrir bien el repollo. Tostar la tocineta en una sartén grande con tapa, agregar el repollo y el vino. Salpimentar al gusto. Cocinar por 30 minutos o hasta que el líquido se evapore casi por completo. Agregar el vinagre y cocinar por 20 minutos más. Puede servirse fría o caliente.

Ensalada de cebolla al queso

4 cebollas grandes cortadas en juliana
2 tazas de agua • 1 taza de vinagre
1 cda. de sal • 1 cda. (13 g) de mantequilla
1 taza de crema de leche • 4 clavos de olor
3 oz (90 g) de queso gruyere rallado
2 cebollas largas o cebolletas, finamente picadas
sal y pimienta, al gusto

Hervir el agua con el vinagre, sal y la cebolla, por 10 minutos. Retirar, escurrir y colocar en una fuente de servir. Derretir la mantequilla en una olla pequeña, agregar la crema, el queso y los clavos de olor.

Revolver frecuentemente hasta obtener una pasta suave (no debe hervir).

Rectificar la sazón e incorporar la cebolla larga; revolver. Rociar esta salsa sobre la cebolla y refrigerar, antes de servir.

Ensalada de las primas

1 taza de lechuga lavada, escurrida y picada
1 taza de espinaca lavada, escurrida y picada
1/2 taza de zanahoria pelada y cortada en finas tiras

Aderezo:

1 cda. de ron
1/4 cdita. de sal
1 pizca de pimienta negra recién molida
1 cdita. de mostaza
2 cdas. de salsa de tomate
3 cdas. de mayonesa
3 gotas de salsa Tabasco

Mezclar las verduras en una ensaladera. Aparte, mezclar todos los ingredientes del aderezo y colocar en una salsera.

Servir la ensalada acompañada con el aderezo.

Ensalada de lechuga con pistachos

1/2 lechuga batavia, lavada, escurrida
y cortada en finas tiritas

Aderezo:

1/2 taza de pistachos
8 cdas. de aceite de oliva
2 cdas. de vinagre
6 cdas. de vino blanco
1/2 cdita. de sal
1/4 cdita. de azúcar granulada

Triturar los pistachos en un procesador y luego mezclar bien con los ingredientes restantes del aderezo hasta que estén suaves.

Colocar la lechuga en una ensaladera y rociar con el aderezo. Servir de inmediato.

Ensalada de alcachofas «Sorrento»

6 alcachofas medianas
1 cdita. de sal
3 tajadas de tocineta, picadas
1 pan francés pequeño, cortado en cubos
3 cdas. de cebolleta picada
2 limones cortados en rodajas

Aderezo:

1/3 taza de aceite de oliva
jugo de 1/2 limón
1/2 cdita. de sal
1/4 cdita. de pimienta negra recién molida

Cocinar las alcachofas en agua salada hirviendo, por 15 minutos; retirar, dejar enfriar y quitar las hojas dejando sólo los corazones. Eliminar la pelusa y reservar las hojas para preparar una crema.

Cortar los corazones en tajadas y colocarlas en una ensaladera. Rociar con todos los ingredientes del aderezo y refrigerar.

En una sartén, dorar la tocineta; retirar, escurrir sobre toallas de papel y agregar a las alcachofas. Reservar la grasa.

Dorar los cubos de pan en la grasa reservada. Retirar, escurrir y agregar a la ensalada.

Decorar con rodajas de limón y cebolleta picada.

Ensalada de coliflor con maní

1 coliflor pequeña, separada en flores grandes
3 cdas. de sal

Aderezo:

4 cdas. de maní tostado
2 cdas. de aceite de oliva
6 filetes de anchoa
$1/2$ cdita. de ajo triturado
1 cda. de chutney de mango
6 cdas. de vino blanco

Procesar o licuar los ingredientes del aderezo, hasta obtener una pasta suave. Si fuera necesario, agregar un poco más de vino. Reservar.

Cocinar las flores de coliflor en agua salada, hasta que ablanden. Retirar, escurrir y dejar enfriar. Servir rociada con el aderezo.

Ensalada de colorines «Mardigrás»

$1/4$ repollo morado pequeño, cortado en juliana
$1/4$ lechuga batavia pequeña, cortada en juliana
3 pimientos (1 verde, 1 amarillo y 1 rojo)
cortados en juliana

Aderezo:

2 cdas. de mostaza Dijon
2 cdas. de vinagre
1 cdita. de azúcar granulado
$1/4$ cdita. de pimienta blanca
$1/4$ cdita. de ajo en polvo
$1/4$ cdita. de cebolla en polvo
$1/4$ taza de aceite de oliva

Mezclar juntos los ingredientes del aderezo. Colocar todos los vegetales en una ensaladera. En el momento de servir, revolver con el aderezo.

Ensalada de berros y lechugas mixtas

$1 1/2$ tazas de berros picados
$1 1/2$ tazas de lechuga roja picada
$1 1/4$ tazas de lechuga romana picada

Aderezo:

1 tallo de apio cortado en laminillas
1 cda. de cebolla blanca finamente picada
1 cda. de cebolla roja, finamente picada
1 cda. de cebolleta, finamente picada
4 cdas. de perejil, finamente picado
3 cebollas largas finamente picadas
$1/2$ cdita. de ajo triturado
4 cdas. de aceite de oliva
8 cdas. de vinagre de vino
$1/2$ cdita. de azúcar granulada
$1/2$ cdita. de salsa de tomate
$1/2$ cdita. de paprika
$1/2$ cdita. de pimienta molida
$1/2$ cdita. de sal

Mezclar bien todos los ingredientes del aderezo y colocar en una salsera.

Mezclar los berros con las lechugas en una ensaladera. Servir acompañada con el aderezo.

Ensalada de papa y trigo

3/4 taza de trigo de grano mediano, remojado en
suficiente agua, mínimo por 1 hora
1 lb (500 g) de papa pelada y cortada en cuartos
1 cebolla de 250 g
3 cdas. de nueces
3 cdas. de hierbabuena fresca picada
2 cdas. de albahaca fresca picada más hojitas
enteras adicionales, para decorar
2 cditas. de sal
1/2 cdita. de pimienta molida

Cocinar los cuartos de papa en agua hirviendo hasta que estén blandos. Retirar, escurrir, dejar enfriar y pasar por un prensapuré.

Procesar la cebolla con las nueces, hierbabuena, albahaca, sal y pimienta, hasta mezclar bien.

Exprimir el trigo con la mano y combinar con el puré de papas y la mezcla de cebolla. Amasar, colocar sobre una bandeja y refrigerar.

En el momento de servir, decorar con hojitas de hierbabuena.

Ensalada de espinacas y hierbabuena

1/2 paquete (140 g) de espinaca lavada,
escurrida, desvenada y picada
1/2 pimiento rojo y 1/2 verde, picados finos
2 tallos de apio picados finos
3/4 taza de cubitos de pan, tostados

Aderezo:

1 taza de hojas de hierbabuena picadas
1 1/2 cditas. de ajo picado
1 cdita. de sal
1/4 cdita. de azúcar granulada
1/4 cdita. de pimienta negra recién molida
6 cdas. de jugo de limón
5 cdas. de aceite de oliva
3 cdas. de vinagre

Triturar el ajo con la hierbabuena y mezclar con los ingredientes restantes del aderezo.

Colocar la espinaca con los pimientos y apio en una ensaladera y mezclar. Rociar con el aderezo.

En el momento de servir, incorporar los cubitos de pan

Ensalada chilena

1 taza de tomate semimaduro, picado fino
1 cebolla picada fina
1 taza de cilantro fresco, finamente picado
1 taza de vinagre blanco
1 1/4 cditas. de sal
1/2 cdita. de pimienta molida

Mezclar todos los ingredientes en un recipiente de vidrio; refrigerar mínimo por 1 hora, antes de servir.

Ensalada alemana de papa

1 1/2 lb (750 g) de papa pelada
1 1/2 lb (750 g) de zanahoria pelada
y cortada en cubitos
3/4 taza de arvejas verdes
3/4 taza de mayonesa
1 pizca de azúcar granulada
sal y pimienta, al gusto

Cocinar las papas en agua hirviendo hasta que puedan traspasarse fácilmente con un tenedor. Dejar enfriar y cortar en cubitos.

Cortar la zanahoria cruda en cubitos pequeños. Cocinar las arvejas al vapor. Retirar y escurrir.

Mezclar todos los ingredientes en una ensaladera. Refrigerar por 1 hora y servir.

Ensalada de la campiña

1/4 taza de hierbabuena fresca, lavada,
escurrida y picada fina
1/4 taza de perejil fresco, lavado,
escurrido y picado fino
1/4 taza de cilantro fresco, lavado
escurrido y picado fino
1/2 pimiento rojo y 1/2 verde, picados finos
1/4 taza de cebolla picada fina
1/2 taza de repollo verde, picado fino
1/2 tomate grande semimaduro, picado fino
1 cdita. de ajo finamente picado
1/2 taza de aceite
3/4 taza de jugo de limón recién exprimido
1/2 cdita. de sal
1/4 cdita. de pimienta negra recién molida

Mezclar todos los ingredientes en una ensaladera y revolver bien. Servir de inmediato.

Ensalada de lentejas al estilo del Loira

1 taza de lentejas
1 zanahoria entera
1/2 cebolla pequeña
1 1/2 cditas. de ajo picado
1 hoja de laurel
3 ramas de perejil fresco
2 ramas de tomillo fresco
1 1/4 tazas de caldo de gallina (ver pág. 136)
2 rábanos rojos cortados en rodajas
1/2 taza de nueces picadas
4 cdas. de queso mozzarella cortado en cubos
2 cebollas largas picadas
1 cda. de cebolleta picada
ramitas de tomillo fresco, para decorar

Aderezo:

8 cdas. de aceite de oliva
4 cdas. de vinagre de vino blanco
1/2 cdita. de ajo triturado
sal y pimienta, al gusto

Cocinar las lentejas en una olla, a fuego medio, con la zanahoria, cebolla, ajo, laurel, perejil, tomillo y caldo, por 20 minutos, o hasta que estén blandas. Retirar las lentejas separándolas de los otros ingredientes y dejar enfriar. Reservar las verduras. Pasar las lentejas frías a una ensaladera. Tamizar las verduras en un prensapuré y agregar a las lentejas.

Aparte, mezclar los ingredientes del aderezo y refrigerar por 30 minutos.

Antes de servir, incorporar los rábanos, nueces, queso y cebollas. Decorar con ramitas de tomillo y rociar con el aderezo.

Ensalada árabe

2 pepinos cohombros, pelados y picados
1 tomate pelado y picado
1 cebolla pelada y picada
9 cdas. de jugo de limón
3 cdas. de hierbabuena picada
3/4 cdita. de sal
1/3 cdita. de pimienta molida

Mezclar todos los ingredientes en una ensaladera, revolver y refrigerar hasta el momento de servir

Ensalada de palmitos con salsa golf

4 porciones abundantes de palmitos
enlatados, escurridos

Salsa golf:

5 cdas. de mayonesa
9 cdas. de salsa de tomate
1 cda. de Cognac
1 cdita. de sal
1 cdita. de pimienta molida
1 cdita. de mostaza
2 cditas. de salsa Perrin's
6 gotas de salsa Tabasco

Batir todos los ingredientes de la salsa. Añadir más Tabasco al gusto, si fuera necesario. Colocar en una salsera. Disponer los palmitos en una ensaladera y servir acompañados con la salsa.

Ensalada de rábano, pepino y palmito

1/2 lb (250 g) de rábanos rojos
1 pepino cohombro mediano, pelado
y cortado en rodajas
1 lata de palmitos, escurridos
y cortados en rodajas

Aderezo:

5 cdas. de mayonesa
5 cdas. de cebolleta picada
5 cdas de crema de leche espesa
sal y pimienta, al gusto

Mezclar los ingredientes del aderezo y colocar en una salsera.

Cortar la parte superior de los rábanos en forma de cruz y combinarlos con el pepino y palmitos en una ensaladera. Acompañar con el aderezo.

Ensalada de puerro con queso azul

4 puerros grandes
1/4 taza de vinagre
2 cdas. de azúcar granulada

Aderezo:

6 cdas. de mayonesa
6 cdas. de queso azul
2 cdas. de crema de leche

Preparar el aderezo mezclando bien los ingredientes. Cocinar los puerros en una olla, con el vinagre, el azúcar y agua suficiente que los cubra, a fuego alto, por 5 minutos. Retirar, escurrir y dejar enfriar. Disponer en una bandeja y rociar con aderezo.

Ensalada de repollo al Roquefort

1/4 repollo, lavado, escurrido
y cortado en tiritas
1 pepino agridulce finamente picado
8 rábanos rojos picados finos

Aderezo:

2 cdas. de queso Roquefort
1/2 taza de mayonesa
1/2 cdita. de ajo triturado
1/4 cdita. de paprika
4 cdas. de vinagre blanco
sal y pimienta, al gusto

Mezclar los ingredientes del aderezo hasta obtener una pasta suave. Si fuera necesario, agregar más vinagre. Salpimentar al gusto.

Combinar el repollo con el pepino y rábanos en una ensaladera.

En el momento de servir, rociar con el aderezo.

Guacamole

2 aguacates pelados, deshuesados
y cortados en trocitos
1 cda. de cebolla finamente picada
1/2 tomate maduro pelado y picado
2 chiles jalapeños sin semillas, cortados en trocitos
1/4 cdita. de chile en polvo
1/2 cdita. de sal
1 cdita. de jugo de limón
2 ramos de cilantro fresco finamente picado

Triturar juntos todos los ingredientes hasta obtener una pasta suave.

Rectificar la sazón y agregar más chile, al gusto.

Ensalada de verduras con salsa verde

1 taza de flores de coliflor
1 taza de zanahoria cortada
en tronquitos
1 taza de ramos de brócoli
1 taza de repollitas de Bruselas
1 taza de repollo cortado en tiritas

Salsa verde:

1 cdita. de ajo picado
4 cdas. de hierbabuena fresca picada
3 cdas. de cebolleta picada
4 filetes de anchoas
6 cdas. de aceite de oliva
1/2 taza de jugo de limón
sal y pimienta, al gusto

En un mortero, triturar el ajo con la hierbabuena, cebolleta y anchoas. Batir con el aceite y jugo de limón hasta que todos los ingredientes se incorporen. Salpimentar al gusto y reservar.

Hervir la coliflor con la zanahoria en una olla, por 10 minutos. Incorporar el brócoli, repollitas y repollo. Cuando la coliflor y zanahoria estén blandos, retirar, escurrir y dejar enfriar. Colocar en una ensaladera y rociar con la salsa.

Ensalada «Niçoise»

1 1/4 lb (625 g) de papa pelada
1/2 lb (250 g) de arvejas verdes cocidas al vapor
2 huevos duros, cocidos por 10 minutos en agua
hirviendo, sumergidos en agua fría,
pelados y cortados en rodajas
2 tomates pelados, cortados en cascos
4 hojas enteras de lechuga
8 cdas. de atún enlatado, escurrido
1 cda. de alcaparras, para decorar
1 cda. de hierbabuena fresca,
picada, para decorar
8 aceitunas negras deshuesadas, para decorar
4 filetes de anchoa picados, para decorar

Aderezo:

10 cdas. de aceite de oliva
4 cdas. de vinagre de vino
2 cditas. de mostaza Dijon
1/2 cdita. de tomillo picado
1/2 cdita. de ajo triturado
1/4 cdita. de estragón picado
sal y pimienta, al gusto

Mezclar bien los ingredientes del aderezo y reservar. Cocinar las papas en agua salada hirviendo, por 20 minutos. Retirar, dejar enfriar y cortar en rodajas.

Untar las hojas de lechuga con un poco del aderezo y disponerlas como un lecho, en recipientes individuales, untar también las tajadas de papa y colocarlas sobre el centro de la lechuga. Rodear con las arvejas y rociar con un poco de aderezo. Colocar los ingredientes restantes de manera decorativa, simétricamente y salpicar encima con las alcaparras y hierbabuena.

Gelatina de aguacate

2 aguacates pelados y deshuesados
2 cditas. de vinagre
2 huevos duros pelados y finamente picados
2/3 cdita. de salsa Perrin's
1 chile jalapeño o ají, sin semillas
1/4 tomate finamente picado
1 cebolla larga picada
2/3 cdita. de sal
1/3 cdita. de pimienta molida
1/3 cdita. de comino en polvo
1/2 cdita. de salsa Tabasco

Gelatina:

2 sobres (16 g) de gelatina sin sabor
1/2 taza de agua hirviendo

Para decorar:

4 hojas enteras de lechuga, lavadas y escurridas

Procesar juntos todos los ingredientes, excepto la gelatina y la lechuga, hasta obtener una pasta uniforme. Reservar.

Disolver la gelatina en el agua y batir con la mezcla reservada. Verter en recipientes individuales y refrigerar hasta que cuajen. Desmoldar.

Servir sobre las hojas de lechuga.

Ensalada siciliana

2 tomates maduros, pelados
y cortados en trocitos
1 pimiento verde, pelado y cortado en trocitos
1/4 lb (125 g) de arvejas verdes
1 lb (500 g) de habichuelas despuntadas
y desvenadas
4 1/2 cditas. de aceite de oliva
1/2 cdita. de ajo picado
1 cebolla cortada en rodajas

Aderezo:

6 cdas. de vinagre de estragón
3/4 cdita. de sal
1/4 cdita. de pimienta molida
1 cda. de orégano
3 filetes de anchoa, picados

Introducir las habichuelas con las arvejas en agua salada hirviendo, por 3 minutos. Retirar y escurrir.

Calentar el aceite en una sartén y dorar el ajo y la cebolla. Agregar el pimiento y dejar cocinar por 7 minutos más. Incorporar el tomate y cocinar, revolviendo frecuentemente, por otros 20 minutos. Retirar y dejar enfriar.

Revolver los ingredientes en una ensaladera y refrigerar por 1 hora, antes de servir. Rectificar la sazón al gusto.

Ensalada de remolacha

1 lb (500 g) de remolacha pelada
vinagre con azúcar, cantidad suficiente

Cocinar la remolacha en la canastilla de la olla de vapor, por 15 minutos, o hasta que ablande. Retirar, enfriar y cortar en rodajas. Rociar con la mezcla de vinagre y azúcar.

Ensalada «Hot-Slaw»

1/3 repollo picado
2 tajadas de tocineta finamente picada
1 cebolla mediana finamente picada

Aderezo:

1 cda. de harina de trigo
2/3 taza de vinagre
2 cditas. de azúcar granulada
1/2 cdita. de sal
1/3 cdita. de pimienta negra recién molida

Hervir el repollo en una olla con agua, a fuego alto. Cuando rompa el hervor, retirar, enfriar y escurrir. Colocarlo en una ensaladera.

En una sartén, freír la tocineta, retirar con cuchara escurridora y en la grasa dorar la cebolla por 3 minutos. Retirar y agregar al repollo.

Batir la harina con el vinagre, azúcar, sal y pimienta. Agregar al repollo y dejar marinar, mínimo por 2 horas, antes de servir.

Ensalada de naranja

1 naranja pelada, separada en gajos,
sin semillas y cortado en tronquitos
1 manzana verde ácida pelada, sin corazón
y cortada en rodajas muy finas
1 zanahoria pelada y cortada en finas rodajas
1 pepino cohombro pelado
y cortado en finas rodajas
4 hojas grandes de lechuga, cortada en trocitos
4 cdas. de arvejas pequeñas
enlatadas, escurridas

Aderezo:

4 cdas. de aceite de oliva
2 cdas. de jugo de limón
4 cdas. de jugo de naranja
1 cda. de mostaza Dijon
1 yema de huevo batida
sal y pimienta negra recién molida, al gusto

Batir todos los ingredientes del aderezo. Reservar.

Mezclar los ingredientes de la ensalada. Rociar con el aderezo antes de servir.

Ensalada de zanahorias al Oporto

1 1/2 lb (750 g) de zanahoria cortada
en tiritas finas
3 cdas. de aceite de oliva
1/2 cdita. de pimienta en grano, recién molida
1/4 cdita. de sal
4 cdas. de agua
1 cda. de azúcar granulada
2 cdas. de uvas pasas remojadas en agua
hirviendo por 15 minutos y escurridas
4 cdas. de vino Madeira u Oporto

Calentar el aceite en una sartén y cocinar la zanahoria por 5 minutos, revolviendo. Agregar la pimienta, sal y agua. Cocinar hasta que ablande. Rociar con el azúcar, agregar las uvas y dejar que el azúcar se dore. Verter el vino y dejar evaporar un poco. Retirar y dejar enfriar. Refrigerar por 1 hora, antes de servir.

Ensalada de zanahoria y uvas pasas

1 taza de uvas pasas
1 taza de mayonesa
1 cdita. de azúcar granulada
1 pizca de pimienta molida
2 tazas de zanahoria rallada

Cocinar las uvas pasas en suficiente agua, a fuego medio, por 10 minutos. Retirar del fuego y dejar reposar en el agua por 1 hora. Escurrir. Mezclar todos los ingredientes en una ensaladera y refrigerar por 1/2 hora, antes de servir.

Ensalada de espinacas a la napolitana

¹/₂ paquete (140 g) de espinaca lavada,
escurrida y desvenada
2 tajadas de tocineta, picadas, doradas y escurridas
¹/₄ taza de uvas pasas
¹/₄ taza de nueces picadas • 1 huevo duro picado fino

Aderezo:

¹/₂ taza de jugo de naranja recién exprimido
¹/₄ taza de vinagre de vino
¹/₄ cdita. de mostaza en polvo

En una ensaladera, mezclar la espinaca con las nueces, uvas pasas y tocineta.

En el momento de servir, mezclar los ingredientes del aderezo y rociar sobre la ensalada. Salpicarla con el huevo duro picado.

Ensalada «Waldorf»

1 ¹/₂ tazas de manzana pelada, sin corazón
y cortada en cubitos
¹/₂ taza de apio cortado en tronquitos
8 hojas enteras de lechuga, para servir
¹/₄ taza de pacanas u otras nueces trituradas,
para decorar

Aderezo:

³/₄ taza de mayonesa
1 ¹/₂ cdas. de jugo de limón
sal y pimienta, al gusto

Preparar el aderezo mezclando bien los ingredientes. Revolver con la manzana y el apio.

Servir sobre hojas de lechuga, en recipientes individuales. Decorar con las pacanas, rociadas encima.

Ensalada de repollo y encurtidos

1 repollo morado pequeño, lavado
y cortado en juliana
3 tazas de agua
2 cditas. de sal
1 taza de panela rallada o azúcar morena
¹/₂ taza de vinagre blanco
4 granos enteros de pimienta negra
2 clavos de olor
¹/₂ taza de uvas pasas
1 taza de verduras encurtidas,
finamente picadas

En una olla, hervir el agua con la panela, sal, vinagre, pimienta, clavos y uvas pasas.

Al primer hervor, agregar el repollo, revolver y cocinar por 15 minutos.

Retirar, escurrir y descartar los clavos de olor y los granos de pimienta.

Dejar enfriar. Colocar en una ensaladera. Revolver con las verduras encurtidas, picadas y refrigerar por 30 minutos.

Ensalada de aguacate
y mandarina

1 aguacate grande cortado en mitades
y deshuesado (retirar la pulpa en bolitas)
2 mandarinas peladas (retirar las semillas
y separar en cascos)
1 pimiento rojo cortado en tiras
4 hojas enteras de lechuga

Aderezo:

6 cdas. de aceite de oliva
1 cda. de vinagre blanco
1 1/2 cdas. de jugo de limón
1 1/2 cdas. de mermelada de naranja
1 1/2 cditas. de mostaza
1/4 cdita. de ajo triturado
1/4 cdita. de sal

Batir juntos los ingredientes del aderezo hasta obtener una pasta suave. Rectificar la sazón al gusto y reservar.

Cocinar las tiras de pimiento al vapor, por 5 minutos; retirar, escurrir y dejar enfriar. Reservar.

En una ensaladera, colocar un lecho de hojas de lechuga. Cubrir con los cascos de mandarina y las bolitas de aguacate. Decorar con las tiras de pimiento y cubrir con el aderezo.

Ensalada de palmitos
y manzanas

12 oz (360 g) de palmitos enlatados,
escurridos y cortados en rodajas
2 manzanas verdes ácidas, peladas,
sin corazón y cortadas en finas rodajas

Aderezo:

7 cdas. de vino tinto
7 cdas. de jugo de naranja
3/4 cdita. de mostaza
3/4 cdita. de azúcar morena
1/4 cdita. de pimienta molida

Mezclar todos los ingredientes del aderezo.

Combinar los palmitos con la manzana en una ensaladera y rociar con el aderezo.

Ensalada de repollo
y piña

1 1/2 tazas de crema de leche
3 cdas. de azúcar granulada
1 pizca de pimienta negra recién molida
1 1/2 tazas de piña enlatada escurrida
y cortada en cubos
1 1/2 tazas de repollo verde finamente picado
3 cdas. de coco rallado

Batir la crema con el azúcar y la pimienta. Agregar la piña y el repollo. Mezclar bien y disponer en una bandeja de servir. Rociar con el coco y refrigerar por 1 hora.

Ensalada de Malasia

6 oz (180 g) de raíces chinas
1/2 lb (250 g) de yuca pelada y cortada en cubitos
1 pepino cohombro pelado y cortado en laminillas
1 ají o chile rojo fresco, sin semillas y finamente picado
1/2 lb (250 g) de cuajada o tofu, cortado en tiritas largas
1/2 lechuga lavada, escurrida y separada en hojas
2 cebollas cortadas en finas rodajas
2 huevos duros pelados y cortados en rodajas
1 pera verde pelada y cortada en finas tajadas
1 manzana verde pelada y cortada en finas rodajas
2 cdas. de cilantro fresco picado • 2 cdas. de perejil fresco picado
2 cdas. de hierbabuena fresca picada

Aderezo:

3 cdas. de maní tostado molido
6 ajíes o chiles rojos, desvenados, sin semillas y picados
4 1/2 filetes de anchoas
1 1/2 cdas. de pulpa de tamarindo
1/4 taza de agua hirviendo
1 1/2 cdas. de azúcar granulada
1/4 cdita. de sal

Para decorar:

1 tortilla preparada con 1 huevo batido,
cortada en tiras largas y finas

Sumergir las raíces chinas en agua hirviendo por 20 segundos; retirar, escurrir, pasar por agua fría y volver a escurrir.

Cocinar los cubitos de yuca en agua salada hirviendo hasta ablandar; retirar, escurrir y dejar enfriar.

En una ensaladera, colocar las hojas de lechuga y cubrir con rodajas de cebolla y de huevo. Incorporar los ingredientes restantes y revolver con cuidado.

Aparte, para preparar el aderezo licuar el azúcar con el agua y el tamarindo. Incorporar los ingredientes restantes y licuar hasta obtener una pasta suave. Agregar más agua y azúcar, si fuera necesario.

Rociar el aderezo sobre la ensalada y decorar con las tiras de tortilla.

Ensalada de mango verde

3 mangos verdes pelados
y cortados en «fósforos»
1 taza de vinagre
1 taza de agua
6 cdas. de azúcar granulada
1 taza de hojas de hierbabuena fresca, picadas

Colocar las tiras de mango en una ensaladera. Aparte, hervir el agua con el vinagre y azúcar y dejar reducir a la mitad. Agregar la hierbabuena, revolver, retirar, dejar enfriar y verter sobre el mango.

Ensalada de frutas y masmelos

12 oz (360 g) de coctel de frutas
enlatado, escurrido
1/4 taza de coco fresco rallado
1 taza de masmelos (marshmallows) pequeños
1 taza de crema de leche espesa
2 cdas. de crema de leche agria

Colocar las frutas en un recipiente de vidrio.

Mezclar con los ingredientes restantes y refrigerar por 2 horas, antes de servir.

Ensalada caliente de frutas

8 oz (240 g) de melocotones enlatados,
escurridos (reservar 1/2 taza del jugo)
8 oz (240 g) de peras enlatadas, escurridas
8 oz (240 g) de piña enlatada, escurrida
1 cda. de panela rallada o azúcar morena
1/2 cdita. de curry en polvo
1/4 taza de brandy
1 cda. (13 g) de mantequilla
cortada en trocitos

Cortar todas las frutas en cascos grandes y colocarlas decorativamente en una bandeja de servir metálica.

Mezclar el jugo de melocotón reservado con la panela, curry y brandy. Verter sobre la fruta.

Cubrir con trocitos de mantequilla y hornear a la temperatura de «asar» *(broil)*, por 10 minutos, o hasta dorar. Servir de inmediato.

Postres

Crêpes

2 huevos
1/4 cdita. de sal
1 taza de leche
1 taza de harina de trigo
1 1/2 cdas. de aceite vegetal

Licuar todos los ingredientes, añadiéndolos en el orden en que aparecen en la receta. Precalentar una crepera o cocinar a fuego bajo en una sartén antiadherente, vertiendo la mezcla con un cucharón, para obtener un círculo de 15 cm de diámetro. Retirar y colocarlas encimados, en un plato. Reservar calientes. Rellenar con cualquiera de las salsas que aparecen a continuación.

Salsa de duraznos

4 duraznos grandes pelados, deshuesados y
cortados en finos cascos
3 cdas. de ron
2 3/4 cdas. de azúcar granulada

Macerar los duraznos en el ron por 1 hora. Cocinar en una sartén, a fuego medio, con el azúcar, hasta que ablanden. Separar los cascos.

Colocar las *crêpes* en una bandeja de servir, rellenar con los duraznos, rociar con la salsa caliente y servir de inmediato.

Salsa de fresas

Ver fotografía en la pág. 31

2/3 taza de fresas lavadas y cortadas en 4
3 cdas. de vino blanco seco
3 cdas. de azúcar pulverizada

Macerar las fresas en el vino por 1/2 hora. Escurrir y reservar aparte (reservar también el líquido).

Calentar el líquido, revolver gradual y suavemente con el azúcar hasta que tenga la consistencia de una miel. Retirar y reservar caliente.

Colocar las *crêpes* en una fuente de servir, rellenar cada una con las fresas, doblar en triángulo y rociar con la miel caliente.

Salsa de naranja

5 1/2 cdas. (60 g) de mantequilla
1/3 taza de jugo de naranja
cáscara rallada de 1 naranja
2 3/4 cdas. de azúcar granulada
2 3/4 cdas. de licor de naranja
1/4 taza de Cognac

Derretir la mantequilla en una sartén, agregar el jugo, la cáscara rallada, el azúcar y el licor. Revolver suavemente y dejar reducir un poco.

Colocar las *crêpes* dobladas en triángulo, sobre una fuente de servir y rociar con la salsa.

Unos minutos antes de servir, calentarlas a fuego bajo hasta que burbujeen. Calentar el Cognac en un recipiente metálico, encenderlo con un fósforo y rociar sobre las *crêpes*.

Leche cortada

6 tazas de leche fresca
1/4 pastilla de cuajo
1/4 panela rallada, o azúcar morena
1 taza de azúcar granulada

Colocar la leche y el cuarto de pastilla en un recipiente y dejar en reposo hasta que comience a cuajar.

Con un cuchillo, cortar el cuajo en forma de cruz. Rociar con la panela y el azúcar.

Cocinar a fuego medio sin revolver, cuidando que no se derrame, hasta obtener un almíbar espeso. Retirar del fuego y dejar enfriar a temperatura ambiente.

Merengón con frutas

3 claras de huevo
6 1/2 cditas. de azúcar
2 tazas de papaya, melón y mango, cortados
en tronquitos y mezclados
2 tazas de crema de leche espesa
1/4 taza de almendras peladas y tostadas

Precalentar el horno a 260°C (500°F).

Batir las claras con el azúcar, incorporándolo poco a poco, hasta punto de nieve (debe formar picos). Colocar en una bandeja de servir profunda y previamente engrasada, formando un hueco en el centro, para luego rellenarlo con las frutas.

Disminuir la temperatura del horno a 150°C (300°F) y hornear el merengue por 30 minutos. Dejar enfriar dentro del horno, sin abrir la puerta, preferentemente de un día para otro.

Al día siguiente, batir la crema de leche. Mezclar la fruta con la crema y rellenar el hueco del merengue. Decorar con las almendras y refrigerar hasta el momento de servir.

Praliné con Mozzarella

1/2 taza de azúcar morena
1/2 taza de azúcar granulada
5 1/4 cdas. de leche evaporada
2 2/3 cdas. de jarabe claro de maíz
1 pizca de sal
1 cda. (13 g) de mantequilla
1/2 dita. de esencia de vainilla
1 taza de pacanas cortadas en mitades,
u otras nueces, a su gusto
1/2 lb (250 g) de queso Mozzarella
cortado en tajadas

En una sartén, a fuego medio, cocinar los cinco primeros ingredientes, revolviendo constantemente hasta que den el punto (se conoce cuando al colocar un poco de la mezcla en un vaso con agua muy fría, forme una bola blanda que puede aplastarse un poco al sacarla del agua).

Agregar, revolviendo, la mantequilla, vainilla y pacanas.

Con un cucharón, verter la mezcla en porciones, sobre un papel encerado colocado en una superficie plana. Dejar enfriar y servir sobre tajadas de queso.

Turrón de Alicante

3 claras de huevo batidas a punto de nieve
2¹/₂ tazas de azúcar granulada
¹/₄ taza de agua
¹/₂ taza de miel de abejas
1 taza de almendras peladas
6 obleas, o masa phyllo

Calentar el azúcar con el agua, revolviendo hasta obtener un almíbar espeso. Agregar la miel, revolver y dejar hervir (el punto se verifica cuando al colocar un poco en un plato con agua fría, se vuelve quebradizo). Retirar del fuego.

Batir con las claras hasta que enfríe. Revolver con las almendras.

Forrar un molde rectangular con las obleas, o el *phyllo*, verter la mezcla y dejar reposar hasta que endurezca.

Pastel de pacanas

3 huevos grandes
14 cdas. de azúcar morena
1 taza de jarabe claro de maíz
1 cdita. de esencia de vainilla
1 pizca de sal
³/₄ taza de pacanas picadas
1 masa precocida para pastel de 23 cm (9 pulg.)
de diámetro (con su molde)

Batir los huevos hasta que comiencen a formar espuma, con batidora metálica. Agregar poco a poco los ingredientes restantes, sin dejar de batir, hasta obtener una masa uniforme. Verter en el molde. Hornear a 175°C (350°F) por 40 minutos.

Servir frío o caliente con crema de leche batida.

Dátiles con crema

2 tazas de dátiles pasos sin semillas
1 taza de crema de leche
6 cdas. de pistachos picados, sin sal

En una olla a fuego medio, cocinar los dátiles con la mitad de la crema de leche, por 10 minutos.

Batir la crema restante y mezclar con los pistachos picados.

Servir calientes cubiertos con la crema batida.

Sorpresa de leche

4 huevos, separados
14 oz (420 g) de leche condensada
4 ciruelas pasas deshuesadas, para decorar
4 cdas. de nueces picadas, para decorar

Batir las claras a punto de nieve dura. Agregar las yemas, una a la vez y, sin dejar de batir, agregar gradualmente la leche condensada. Verter la mezcla en una refractaria.

Precalentar el horno a 200°C (400°F). Al introducir el molde en el horno, disminuir la temperatura a 150°C (300°F). Hornear por 45 minutos. Decorar con las ciruelas y nueces. Servir de inmediato.

Puede prepararse con anterioridad y calentar en el momento de servir, a temperatura muy baja.

Ciruelas al Cognac

2 tazas de ciruelas pasas deshuesadas,
cortadas en mitades a lo largo
1 taza de Cognac (reservar 4 cdas.
para flamear)
1/2 taza de crema de leche espesa

En un recipiente de servir hondo, mezclar las ciruelas con la crema y el Cognac. Tapar y dejar macerar mínimo por 1 hora.

En el momento de servir, calentar el cognac reservado en un recipiente metálico, verter en un cucharón, encender con fósforo y rociar sobre las ciruelas, para flamearlas.

Frutas cristalizadas con queso Mozzarella

6 cdas. de jarabe claro de maíz
1 1/2 tazas de tronquitos de frutas
cristalizadas surtidas
2 tazas de queso Mozzarella rallado
crema de leche espesa (opcional)

En una refractaria engrasada verter el jarabe, cubrir con las frutas cristalizadas y salpicar con el queso.

Hornear a 150°C (300°F) por 15 minutos, o hasta que el queso derrita. Servir caliente.

Puede acompañar con crema de leche.

Mango y papaya con crema chantillí

2 porciones de mango, bien frío,
pelado, cortado en trocitos
2 porciones de papaya roja, bien fría,
pelada y cortada en trocitos

Crema chantillí:

2 tazas de crema de leche espesa
2 cdas. de leche
1/2 cda. de hielo triturado
3 cdas. de azúcar pulverizada
4 gotas de esencia de vainilla

Bata la crema incorporando poco a poco los ingredientes restantes, hasta que forme picos. Refrigerar hasta el momento de utilizar.

Disponer la fruta en copas de cristal y cubrir con la crema, antes de servir.

Piñas flameadas

1 lata de 12 oz (360 g) de tajadas
de piña escurridas
1/4 taza de harina de trigo
1/4 taza de leche
2 cdas. (25 g) de mantequilla
1/4 taza de azúcar pulverizada
8 cerezas marrasquinas cortadas en mitades
1/4 taza de almendras picadas y tostadas
1 cda. de brandy

Salsa inglesa:

1 yema de huevo
1 1/2 cdas. de azúcar pulverizada
6 cdas. de leche
1 1/2 cdas. de Grand Marnier

Colocar la harina en un recipiente y la leche en otro. Calentar la mantequilla en una sartén.

Pasar las tajadas de piña por harina, luego por leche y nuevamente por harina. Dorar por ambos lados en la mantequilla bien caliente. Colocarlas en una bandeja de servir y rociar con el azúcar. Hornear a temperatura de «asar» (broil), con la puerta del horno ligeramente entreabierta, por 5 minutos, o hasta dorar con un color caramelo. Retirar del horno, decorar cada tajada con 1 cereza y espolvorear con almendras.

Preparar la salsa inglesa: batir la yema con el azúcar. Calentar la leche a fuego medio, incorporar la yema batida y revolver hasta que espese (no debe hervir). Retirar del fuego, agregar el Grand Marnier y verter en una salsera.

En la mesa, calentar el brandy en un recipiente metálico, encender con un fósforo y flamear las piñas. Rociar con la salsa inglesa.

Bananos «Foster» con helado

1/4 galón (1 litro) de helado de vainilla
10 cdas. (125 g) de mantequilla
1 taza de azúcar morena
1/2 cdita. de canela (opcional)
1 cdita. de esencia de vainilla
1/2 taza de licor de banano
3 bananos pelados, cortados a lo largo
en 3 tajadas y luego en cubitos
1/2 taza de ron

Disponer bolas de helado en una bandeja de servir y congelar.

Derretir la mantequilla en una sartén, agregar el azúcar morena y la canela; cocinar a fuego bajo, revolviendo hasta obtener una pasta.

Agregar la vainilla y el licor de banano, revolver y cocinar por 3 minutos más.

Incorporar los bananos y cocinar a fuego medio por otros 5 minutos, revolviendo para cubrir con la salsa.

Calentar el ron en un recipiente metálico, encender con un fósforo y rociar sobre los bananos. Revolver y cubrir las bolas de helado con esta salsa. Servir de inmediato.

Coctel de helado

*1 naranja pelada, sin semillas, cortada
en rodajas y luego en 4
1/4 galón (1 litro) de helado de naranja
4 cdas. de licor de naranja
12 galletas largas, o barquillos*

Colocar la mitad de la naranja en el fondo de unas copas de cristal. Cubrir con bolas de helado; decorar con la naranja restante. Rociar con el licor y servir con galletas.

Helado de chocolate mixto

*2 barras de chocolate «Milky way»,
de 2 oz (60 g) cada una
4 cdas. de crema de leche
1 banano pelado y cortado en rodajas
1 pinta (1/2 litro) de helado de chocolate
1 pinta (1/2 litro) de helado de vainilla
4 cdas. de nueces partidas en cuartos*

Derretir las barras de chocolate al baño maría y revolver con la crema. En cada copa disponer rodajas de banano y encima una bola de helado (1/2 de chocolate y 1/2 de vainilla). Verter encima el chocolate derretido y salpicar con nueces.

Helado de ciruelas pasas y almendras

*1 taza de ciruelas pasas deshuesadas y picadas
4 cdas. de brandy
1 taza (1/4 litro) de helado de vainilla
1/2 taza de almendras tostadas y picadas*

Remojar las ciruelas en el brandy por 2 horas.

Mezclar muy bien el helado con las ciruelas y almendras. Colocar la mezcla en un recipiente de servir, cubrir con papel transparente y congelar por 8 horas.

Helado de pistachos con salsa praliné

*1/4 galón (1 litro) de helado de pistacho
galletas de vainilla*

Salsa praliné:

*1/3 taza de jarabe claro de maíz
1/3 taza de jarabe oscuro de maíz
4 cdas. de melaza de panela
2 oz de pacanas u otras nueces, picadas
1 1/2 cdas. de azúcar granulada
1 1/2 cdas. de agua
3 gotas de esencia de vainilla*

Mezclar en su orden todos los ingredientes de la salsa y hervir en una olla. Retirar del fuego y dejar enfriar a temperatura ambiente.

Servir las bolas de helado en copas de cristal y rociar con la salsa; acompañar con galletas de vainilla.

Flan de melón

1 melón pequeño
1 taza de azúcar
2 sobres (16 g) de gelatina sin sabor
1/4 taza de agua hirviendo
3 huevos, separados
1 taza de crema de leche espesa
2 cdas. de azúcar granulada
4 hojas de hierbabuena, para decorar

Cortar el melón en 4 partes, reservar 1/4; picar en trozos el resto y licuar con el azúcar hasta que tenga la consistencia de una crema.

Disolver la gelatina en 1/4 de taza de agua hirviendo.

Batir las claras a punto de nieve, hasta que forme picos y agregue las yemas sin dejar de batir, luego la crema, el melón licuado y por último, gelatina. Verter el flan en un molde engrasado y refrigerar mínimo por 8 horas.

Licuar el 1/4 de melón reservado con el azúcar y cocinar en una sartén, a fuego medio, hasta que espese. Retirar y refrigerar.

Desmoldar el flan, rociar con la salsa y decorar con las hojas de hierbabuena.

Molde «tortini helado»

1 lata de 14 oz (420 g) de leche condensada
3 yemas de huevo batidas
1/4 taza de ron
2 cditas. de esencia de vainilla
5 galletas de coco grandes
1 taza de almendras tostadas y picadas
1/3 taza de cerezas marrasquinas picadas
2 tazas de crema de leche batida

En un recipiente, mezclar todos los ingredientes, excepto la crema. Agregar la crema con movimientos envolventes, hasta que todo esté completamente incorporado.

Verter la mezcla en una bandeja honda de servir y congelar de un día para otro. Servir muy frío.

Flan de leche

4 tazas de leche
1 cda. de esencia de vainilla
4 cdas. de azúcar granulada
5 huevos batidos

Caramelo:

8 cdas. de azúcar granulada

Hervir la leche con la vainilla y el azúcar. Cuando comience a hervir, retirar del fuego.

Agregar la leche a los huevos batidos, poco a poco.

En una sartén, derretir el azúcar hasta formar un caramelo. Cubrir con éste el fondo de un molde y dejar enfriar antes de verter la mezcla de leche. Cocinar al baño maría y hornear a 175°C (350°F), por 1 hora. Retirar, dejar enfriar a temperatura ambiente y refrigerar mínimo por 8 horas.

Mousse vasco de chocolate

*1/2 lb (250 g) de chocolate con leche
en barra (fundido)
3 cdas. de café oscuro
5 huevos separados
1 cda. de brandy
1/4 taza de ciruelas pasas
deshuesadas y picadas
1/4 taza de nueces picadas
8 nueces enteras, para decorar*

En una sartén, derretir el chocolate con el café, al baño maría, hasta disolverlo bien. Retirar del fuego y dejar enfriar.

Batir las claras a punto de nieve hasta que formen picos. Agregar al chocolate frío las yemas, una a la vez, y batir. Añadir el brandy y mezclar bien.

Agregar las claras con movimientos envolventes, hasta incorporarlas. Añadir las nueces picadas y las ciruelas. Verter la mezcla en un recipiente de servir y refrigerar, mínimo por 2 horas.

Cuando este cuajado, decorar con las nueces enteras y servir muy frío.

Mousse de Jerez

*2 yemas de huevo
3 cdas. de azúcar pulverizada
1 pizca de nuez moscada en polvo
1 pizca de sal
2/3 taza de crema de leche caliente
6 cdas. de Jerez caliente
2 sobres (16 g) de gelatina sin sabor
2 claras batidas a punto de nieve
3 cdas. de azúcar pulverizada
6 cdas. de almendras tostadas picadas*

Praliné para cubrir:

*1/2 taza de azúcar granulada
1/2 taza de almendras tostadas y picadas*

Batir las yemas con el azúcar, nuez moscada y sal. Agregar poco a poco la crema caliente. Cocinar al baño maría y dejar espesar ligeramente.

Disolver la gelatina en el Jerez caliente. Agregar a la crema, revolviendo. Dejar enfriar.

Batir las claras con las 3 cucharadas de azúcar pulverizada, poco a poco. Agregar la mezcla de crema y las almendras.

Verter en un molde y refrigerar, mínimo por 8 horas.

Para preparar el praliné, derretir el azúcar en una sartén, hasta dorar. Mezclar con las almendras.

Verter la mezcla caliente sobre papel aluminio engrasado. Dejar enfriar. Retirar del papel, triturar y salpicar sobre la mousse, antes de servir.

Mousse de limón

3 huevos, separados
1/2 taza de azúcar
3 cdas. de azúcar granulada
2 tazas de crema de leche
jugo de 2 limones
1 cdita. de cáscara rallada de limón
2 sobres (16 g) de gelatina sin sabor
1/4 taza de agua hirviendo
1 limón

Mezclar las yemas con 1/2 taza de azúcar y cocinar al baño maría, moviendo constantemente con un batidor de alambre, hasta que espese.

Batir las claras a punto de nieve y añadir poco a poco las 3 cucharadas de azúcar, hasta obtener un merengue. Con una espátula, sin usar batidora, y con movimientos envolventes, mezclar con las yemas.

Aparte, batir la crema de leche, añadir el jugo de limón y la cáscara rallada. Agregar este batido a la mezcla anterior, con movimientos envolventes.

Incorporar la gelatina disuelta en el agua hirviendo. Verter en un molde de servir. Refrigerar de un día para otro.

Servir decorado con finas rodajas de limón.

Mousse de menta

2 tazas de crema de leche espesa
15 masmelos (marshmallows)
1/4 taza de licor de menta

Salsa:

1/2 lb (125 g) de chocolatinas de leche
2 cdas. de Cointreau o Amaretto
6 hojas de hierbabuena, para decorar

Batir la crema de leche hasta espesar.

Derretir los marshmallows al baño maría, agregándoles poco a poco la mitad de la crema y el licor de menta. Cuando todo esté incorporado, retirar y dejar enfriar un poco. Incorporar la crema batida restante. Verter en un molde y refrigerar por 8 horas.

Derretir el chocolate con el Cointreau o el Amaretto, al baño maría, hasta que tome consistencia de salsa.

Desmoldar la *mousse*, rociar con la salsa y decorar con las hojas de hierbabuena. Refrigerar nuevamente y servir.

Copa de piña con ron

1/2 piña pelada y cortada en cubitos
1/2 taza de ron
1/4 taza de azúcar
canela en polvo

Distribuir la piña en cuatro copas anchas de cristal. Rociar con el azúcar y ron; espolvorear la superficie con canela. Refrigerar por un buen rato.

Baronesa de durazno

*1 lb (500 g) de duraznos enlatados, escurridos
(reservar unos cascos para decorar)
2 huevos separados
6 cdas. de azúcar
1/2 taza de leche hirviendo
2 sobres (16 g) de gelatina sin sabor
1/4 taza de agua hirviendo
1 taza de crema de leche espesa, batida
con 1 1/2 cdas. de azúcar pulverizada
15 galletas champagne, remojadas
en 1 1/2 cdas. de brandy o ron
3 cdas. de azúcar granulada, para la cubierta
4 fresas*

Batir las yemas con el azúcar. Agregar la leche poco a poco, sin dejar de batir. Dejar espesar en una olla pequeña, a fuego bajo (no debe hervir).

Disolver la gelatina en el agua y revolver con las yemas. Retirar del fuego y dejar enfriar.

Licuar los duraznos con la crema de leche batida. Cuando las yemas estén frías mezclar con el licuado de duraznos.

En un molde, alternar capas de esta mezcla con galletas remojadas en brandy o ron. Refrigerar por varias horas, hasta que cuaje.

Aparte, batir las claras a punto de nieve. Cuando estén duras, agregar poco a poco el azúcar granulada sin dejar de batir, hasta obtener un merengue duro.

Desmoldar el postre, cubrir con el merengue y decorar con 4 fresas y los cascos de durazno reservados.

Servir muy frío.

Mousse de tequila

*2 cditas. de gelatina sin sabor
2 cdas. de agua
3 cdas. de jugo de limón
4 huevos, separados
1 taza de azúcar
1 pizca de sal
6 cdas. de tequila blanco
3 cdas. de licor de naranja
cáscara rallada de 1/2 limón*

Mezclar la gelatina con el agua y el jugo de limón calientes.

Aparte, batir las yemas con la mitad del azúcar y la sal hasta que estén cremosas y revolver con el tequila, licor de naranja y la mitad de la cáscara rallada de limón. Agregar la gelatina. Dejar enfriar y luego refrigerar.

Batir las claras a punto de nieve, incorporando el azúcar restante poco a poco, hasta que forme picos. Cuando la mezcla de yemas empiece a cuajar, verter sobre las claras, sin revolver. Colocar en un molde o en copas, rociar con la ralladura restante.

Refrigerar, mínimo por 3 horas, antes de servir.

Pastel de peras

3 peras maduras, peladas y cortadas
en cascos finos
1 taza de azúcar
1/2 taza de nueces picadas
1 1/2 tazas de harina de trigo cernida
1 cdita. de bicarbonato de sodio
1/2 cdita. de canela en polvo
1/2 cdita. de nuez moscada en polvo
1/4 cdita. de sal
1 huevo
1/2 taza de aceite
1 cdita. de esencia de vainilla

Glaseado para cubrir:

1 taza de mermelada de pera
3 cditas. de jarabe de maíz
1 cdita. de cáscara rallada de limón
1/4 taza de nueces picadas

En un recipiente de vidrio, macerar las peras con el azúcar y nueces, por 1 hora.

Mezclar la harina con el bicarbonato, canela, nuez moscada y sal. Incorporar las peras, revolviendo con la harina. Verter en un molde para hornear, previamente engrasado y hornear a 175°C (350°F), por 1 1/4 horas. Retirar y dejar enfriar.

Para preparar el glaseado, mezclar todos los ingredientes, excepto las nueces. Cuando el pastel esté frío cubrirlo con esta mezcla y decorar con las nueces.

Queso Camembert con uvas verdes

12 oz (360 g) de queso Camembert
1 racimo grande de uvas verdes
tajadas de pan francés, cantidad suficiente

Con unas tijeras, separar las uvas en ramitos, lavar y refrigerar junto con la botella de vino.

Servir el queso en una bandeja de madera, rodeado de los ramitos de uvas y las tajadas de pan francés.

Sugerencia: acompañar con un vino blanco, o espumoso (grupos 7 y 9).

Quesos surtidos con frutas

3 oz (90 g) de cada uno de los siguientes quesos:
Duros: Edam, Pecorino
Medios: Gruyere, Roquefort
Blandos: Camembert, Brie
suficiente cantidad de las siguientes frutas:
uvas verdes y rojas, melón, mango y durazno
tajadas de pan francés y tostadas,
cantidad suficiente

Lavar, cortar en trozos grandes y refrigerar las frutas y la botella de vino blanco.

Servir los quesos en una bandeja de madera. Acompañar con el pan y las frutas, servidas en bandejas separadas, y con el vino espumoso muy frío.

Sugerencia: acompañar con un vino blanco o espumoso semidulce (grupos 7 y 9).

Budín «diplomático»

3/4 taza de uvas pasas
3 cdas. de azúcar granulada
3 cdas. de kirsch (u otro licor)
12 galletas «Champagne»
4 yemas de huevo
3/4 taza de azúcar pulverizada
3/4 cdita. de fécula de maíz
1 taza de leche hirviendo
1 taza de crema de leche batida
1 1/2 sobres (12 g) de gelatina sin sabor disuelta
en 1/4 taza de agua hirviendo
1/2 taza de fruta cristalizada

Cocinar las uvas pasas con el azúcar en suficiente agua, a fuego bajo, por 1/2 hora. Retirar, escurrir y macerar en el licor, mínimo por 1 hora. Escurrir. Reservar las uvas y rociar el licor sobre las galletas.

Aparte, batir las yemas con el azúcar, fécula, leche hirviendo y crema. Cocinar a fuego bajo, revolviendo hasta espesar. Retirar del fuego y revolver con la gelatina disuelta.

Engrasar un molde redondo y disponer capas en el siguiente orden: unas pocas frutas cristalizadas, galletas, crema, frutas cristalizadas, uvas pasas y así sucesivamente hasta terminar con una capa de crema.

Refrigerar, mínimo por 3 horas, desmoldar y servir muy frío.

Ponqué blanco relleno de fresas

1 taza de harina de trigo
1 pizca de sal
1 1/2 cditas. de polvo para hornear
4 cdas. (50 g) de mantequilla
1/2 taza de azúcar granulada
1/3 taza de leche
1/2 cdita. de esencia de vainilla
2 huevos
1/2 taza de mermelada de fresa
4 fresas grandes, para decorar

Cubierta:

2 claras de huevo
1/2 taza de azúcar

Cernir juntos la harina con la sal y polvo para hornear. Reservar.

Batir la mantequilla hasta que esté bien cremosa. Mezclar poco a poco con el azúcar, hasta que esté bien incorporada.

Añadir, alternando, las yemas, leche, esencia de vainilla y harina reservada.

Batir las claras a punto de nieve y agregarlas a la mezcla en último lugar, con movimientos envolventes.

Engrasar 1 molde alto o 2 medianos y verter la mezcla. Hornear a 175°C (350°F), por 35 minutos. Retirar del horno y dejar enfriar, antes de desmoldar.

Cortar el ponqué en mitades horizontales. Esparcir la mermelada sobre la mitad inferior y cubrir con la otra mitad.

Para preparar el merengue de la cubierta, batir las claras a punto de nieve y luego agregar poco a poco el azúcar. Cubrir el ponqué con el merengue y decorar con fresas.

Ponqué borracho de naranja

1 taza de harina de trigo
1/2 cdita. de bicarbonato de sodio
1/2 cdita. de polvo para hornear
8 cdas. (100 g) de mantequilla
1/2 taza de azúcar pulverizada
2 yemas de huevo
cáscara rallada de 1/2 naranja
1/2 taza de almendras con cáscara, picadas
1/2 taza de frutas cristalizadas
1/2 taza de crema de leche
2 claras de huevo batidas a punto de nieve

Salsa para «emborrachar»:

1/4 taza de jugo de naranja
1/4 taza de ron
1/2 taza de azúcar granulada
1 cda. de licor de naranja

Mezclar la harina con el bicarbonato y el polvo para hornear. Reservar.

Batir la mantequilla con el azúcar y agregar, de a una a la vez, las yemas. Incorporar las frutas cristalizadas, la cáscara rallada y las almendras, sin dejar de batir.

Mezclar, alternando, con la harina reservada y la crema de leche. Por último, añadir las claras batidas, con movimientos envolventes.

Verter en un molde redondo previamente engrasado y hornear a 175°C (350°F), por 1 hora.

Retirar y dejar enfriar en el molde, antes de desmoldar. Para preparar la salsa, mezclar todos los ingredientes y calentar, sin dejar hervir.

Rociar el ponqué con la salsa y dejar enfriar.

En el momento de servir, salpicar con 1 cucharada de azúcar pulverizada.

Ponqué de zanahoria

2 tazas de zanahoria rallada
1/2 taza de aceite de cocina
1/2 taza de azúcar
1 taza de harina de trigo
1 cdita. de polvo de hornear
1 cdita. de bicarbonato de soda
1 cdita. de nuez moscada
1 cdita. de canela en polvo
1/2 taza de nueces picadas
2 huevos

Relleno:

1/4 lb (125 g) de queso crema
8 cdas. (100 g) de mantequilla
3 oz (90 g) de azúcar en polvo
1 cucharadita de esencia de vainilla

Batir los ingredientes del ponqué, en el orden en que aparecen arriba, hasta obtener una masa suave; verterla en el molde y hornear a 175°C (350°F) por una hora. Retirar y enfriar.

Aparte batir los ingredientes del relleno. Cortar el ponqué en dos, horizontalmente, y esparcir parte del relleno sobre la mitad inferior. Cubrir con la mitad superior y extender el relleno reatante sobre la superficie del ponqué.

Ponqué negro

9 cdas. (110 g) de mantequilla
9 cdas. de azúcar granulada
3 huevos batidos
1/4 taza de leche
1 taza menos 2 cdas. de harina de trigo cernida
1/2 cdita. de esencia de vainilla
cáscara rallada de 1/4 limón
1/4 cdita. de canela en polvo
1 pizca de nuez moscada en polvo
4 cditas. de vino moscatel dulce
1/4 cdita. de bicarbonato de sodio
1/4 cdita. de polvo para hornear
1/4 taza de melaza de panela
1/4 taza de ciruelas pasas deshuesadas,
picadas y maceradas en 1/4 taza de vino moscatel

Salsa de ciruelas:

1/2 taza de ciruelas pasas deshuesadas, picadas
1/4 taza de azúcar granulada
1/4 cdita. de jugo de limón

Precalentar el horno a 160°C (325°F), antes de comenzar a batir el ponqué.

Batir la mantequilla con el azúcar hasta que esté suave y cremosa. Agregar, batiendo, primero los huevos, luego la leche y por último la harina. Incorporar bien.

Añadir la esencia de vainilla, cáscara rallada, canela, nuez moscada, vino, bicarbonato y polvo para hornear. Batir hasta incorporar bien. Agregar la melaza y por último las ciruelas.

Engrasar un molde, verter la mezcla y hornear por 45 minutos. Verificar la cocción antes de retirar del horno, introduciendo un palillo. Si está cocido, debe salir limpio.

Retirar el ponqué del horno, rociar con un poco de vino moscatel, cubrir con una tela de algodón y dejar enfriar, antes de desmoldar.

Prara preparar la salsa de ciruelas, colocar en un recipiente todos los ingredientes y cocinar, revolviendo constantemente, hasta que tenga la consistencia de la miel. Verter la salsa sobre el ponqué.

Sugerencia: usar merengue en vez de salsa de ciruelas.

Budín de pan con salsa de whisky

Ver fotografía en la pág. 32

2 tazas de leche
4 cdas. (50 g) de mantequilla
1/4 pan francés viejo, cortado en cubos
1/2 taza de cubitos de piña
1/2 taza de uvas pasas
1/4 cdita. de sal
1/2 taza de azúcar
1/2 cdita. de canela en polvo
1/2 cdita. de nuez moscada en polvo
1/2 cdita. de esencia de vainilla
2 huevos batidos

Salsa de whisky:

4 cdas. (50 g) de mantequilla derretida
2 tazas de azúcar pulverizada
1/4 copa de whisky o Bourbon

En una sartén, mezclar la mantequilla con la leche; agregar el pan, piña y uvas pasas. Dejar por 15 minutos hasta que el pan absorba el líquido.

Aparte, mezclar la sal con el azúcar y especias. Incorporar los huevos batidos y mezclar bien.

Añadir los ingredientes de la sartén. Verter en un molde previamente engrasado y hornear a 175°C (350°F), por 40 minutos. Retirar del horno y dejar enfriar.

Para preparar la salsa, batir todos los ingredientes hasta obtener una crema homogénea.

Cubrir el budín con la salsa.

Budín «espuma»

4 huevos separados
4 cdas. de azúcar granulada

Caramelo:

2/3 taza de azúcar granulada
6 cdas. de agua
1/3 cdita. de cremor tártaro
jugo de 1/2 limón

Salsa:

1 1/3 tazas de leche
1 astilla de canela
1/3 taza de azúcar granulada

Caramelo para decorar:

6 cdas. de azúcar granulada
3 cdas. de agua

Batir las claras a punto de nieve. Cuando forme picos, agregar poco a poco el azúcar y batir hasta obtener un merengue.

Para preparar el caramelo, cocinar el azúcar con el agua, cremor tártaro y jugo de limón, en una sartén, a fuego bajo, hasta que tome un color dorado. Agregar el merengue, con movimientos envolventes.

Colocar esta mezcla en una refractaria que pueda llevarse a la mesa, y hornear a 175°C (350°F), por 20 minutos, o hasta que la superficie se dore.

Para preparar la salsa, calentar la leche con la canela en una sartén, a fuego bajo, y luego revolver con el azúcar. Batir las yemas y agregarlas poco a poco a la leche (no deben formarse grumos). Retirar del fuego.

Para preparar el segundo caramelo, cocinar el azúcar con el agua en una sartén, hasta que esté dorado.

Una vez retirado el budín del horno, verter la salsa por los lados y decorar con el caramelo, dejándolo caer en hilos finos.

Budín «maison gateau»

1 1/2 tazas de crema de leche espesa
1/4 taza de azúcar granulada
1/2 cdita. de esencia de vainilla
cáscara rallada de 1/2 limón
8 oz (240 g) de galletas «Champagne»
1/2 taza de café negro mezclado
con 1/2 cda. de jugo de limón
1/2 taza de almendras tostadas, picadas

Batir la crema con el azúcar, vainilla y cáscara rallada de limón.

En una bandeja de servir, colocar una capa de galletas remojadas en el café y luego una de crema batida. Continuar hasta agotar estos ingredientes, terminando con una capa de crema. Salpicar con las almendras y refrigerar, mínimo por 3 horas. Servir muy frío.

Budín «gallettone»

15 galletas de vainilla, trituradas
hasta que se vuelvan polvo
1 lata de 14 oz (120 g) de leche condensada
(no abrir la lata)
1 taza de crema de leche espesa, batida
3 claras de huevo batidas a punto de nieve
6 cdas. de azúcar granulada

Colocar la lata de leche cerrada en un recipiente con agua que la cubra y hervir por 2 horas. Dejar enfriar antes de abrirla.

Incorporar a las claras batidas el azúcar, poco a poco, y luego la crema de leche batida.

En una bandeja, colocar por capas: leche condensada, polvo de galletas y crema. Continuar en el mismo orden hasta terminar los ingredientes. La última capa debe ser de crema batida. Refrigerar, mínimo por 6 horas, y servir muy frío.

Cheesecake de mango del chef Arturo

1 taza de migas de galletas Graham
1/2 taza de nueces picadas
2 cdas. de azúcar morena
1 cdita. de canela en polvo
1/2 taza de mantequilla derretida

Relleno:

2 tazas de crema de leche agria
24 oz (3 paquetes) de queso crema ablandado
3 huevos
1 taza de azúcar granulada
1/2 cdita. de sal
2 cditas. de esencia de vainilla
cáscara de 1/2 naranja (sólo parte amarilla)
finamente picada
2 1/2 tazas de puré de mango

Para preparar la corteza, mezclar las migas con las nueces, azúcar, canela y mantequilla. Cubrir un molde para pastel con una capa delgada de esta pasta.

Para preparar el relleno, mezclar con batidora todos los ingredientes, hasta obtener una masa suave.

Verter sobre la corteza y cocinar al baño maría, en horno a 175°C (350°F), por 2 1/2 horas. Aumentar la temperatura a 200°C (400°F) y hornear por 20 minutos más. Retirar y dejar enfriar.

Rollo de ciruelas

1 pan de molde blanco, sin corteza, desmigajado
8 cdas. (100 g) de mantequilla
6 cdas. de azúcar granulada
1/2 cdita. de esencia de vainilla
1/4 taza de nueces picadas
1/4 taza de ciruelas pasas deshuesadas, picadas

Salsa de ciruelas:

1/4 taza de azúcar granulada
1/2 taza de ciruelas pasas deshuesadas, picadas
1/2 cdita. de jugo de limón

Ablandar un poco la mantequilla en un recipiente, amasando a mano con el azúcar, vainilla y el pan, hasta obtener una pasta.

Colocar la mitad de la pasta sobre una hoja grande de papel aluminio, en una capa rectangular, cubrir con las nueces y ciruelas y luego con la masa restante, del mismo tamaño.

Enrollar a lo largo. Envolver con el papel, sellando las puntas y congelar de un día para otro.

Para preparar la salsa, mezclar el azúcar con las ciruelas y el jugo de limón y cocinar a fuego medio, hasta obtener una miel espesa.

Antes de servir, retirar el rollo del congelador, descartar el papel aluminio y rociar con la salsa caliente.

Tiramisú

3 yemas de huevo batidas
3 cdas. de azúcar granulada
1 1/3 tazas de vino Marsala o brandy
1/2 lb (250 g) de queso crema
a temperatura ambiente
1/4 taza de café negro preparado
1/4 taza de crema de leche, batida
hasta que forme picos
1 clara de huevo
1/4 lb (125 g) de galletas «Champagne»
4 oz (120 g) de chocolate de leche
en tabletas, rallado

Batir las yemas e incorporar poco a poco el azúcar hasta que estén suaves. Revolver con una tercera parte del vino. Reservar.

Aparte, batir la clara hasta que forme picos e incorporarla a la mezcla reservada, con movimientos envolventes.

Mezclar el queso crema con el café, hasta obtener una pasta suave.

En una bandeja de servir, colocar la mitad de las galletas y rociar con un poco del vino restante. Cubrir con una capa de queso, otra de la mezcla de yemas, una tercera de crema batida y por último, una de chocolate rallado.

Continuar con capas en el mismo orden, hasta usar todos los ingredientes, terminando con una capa de chocolate. Refrigerar, mínimo por 3 horas, antes de servir.

Torta bombón

3 huevos separados
2½ cdas. de azúcar granulada
¼ lb (125 g) de chocolate fundido semiamargo
1½ cdas. de café negro (preparado)
½ taza de nueces molidas
½ taza de harina de trigo
½ cdita. de polvo para hornear

Cubierta:

¼ taza de crema de leche batida
¼ lb (125 g) de chocolate con leche
2 cdas. de leche
½ cdas. (7 g) de mantequilla

Batir las claras a punto de nieve. Reservar.

Batir las yemas con el azúcar, hasta que estén espumosas y mezclar con las claras reservadas, con movimientos envolventes.

Disolver el chocolate en el café, al baño maría, y agregar las nueces.

Cernir la harina con el polvo para hornear y batir con el chocolate derretido.

Verter la mezcla en un molde previamente engrasado y hornear a 150°C (300°F), por 45 minutos.

Retirar y dejar enfriar antes de desmoldar en una bandeja de servir. Cubrir la torta con la crema de leche batida.

Cocinar el chocolate con la leche y la mantequilla, al baño maría, hasta que se disuelva. Rociar sobre la crema de leche.

Torta de queso al estilo de New York

4 cdas. (50 g) de mantequilla
15 galletas Graham o macarenas, molidas

Relleno:

2 tazas de queso crema
2 huevos
⅔ taza de azúcar granulada
1 cdita. de esencia de vainilla

Cubierta:

1 taza de crema de leche agria
2 cdas. de azúcar granulada
1 cdita. de esencia de vainilla

Derretir la mantequilla y mezclar con las galletas, hasta obtener una pasta suave. Cubrir los costados y el fondo de un molde para pastel de 23 cm de diámetro (9 pulgadas) con la pasta.

Para preparar el relleno, batir el queso con los huevos, azúcar y vainilla. Verter esta mezcla sobre la pasta de mantequilla y galletas y hornear a 185°C (375°F), por 20 minutos.

Para preparar la cubierta, mezclar la crema con el azúcar y la vainilla. Cubrir la torta y hornear nuevamente a 220°C (425°F), por 10 minutos. Retirar y dejar enfriar de un día para otro.

Fondos

y

Salsas

Caldo de gallina

*2 lb (1000 g) de gallina o pollo (carne roja,
huesos, pescuezos y rabadilla)
1 cebolla grande cortada en cuartos
1 zanahoria grande cortada en trozos
2 cebollas largas (sólo la parte verde)
2 ramas de perejil
2 ramas de cilantro
1 ramillete de hierbas
1 diente de ajo entero
1 cdita. de sal
6 granos de pimienta negra enteros*

Cortar la gallina en trozos bien pequeños y disponerlos sobre una lata. Hornear a 200°C (400 °F) por 30 minutos o hasta que comiencen a dorarse.

Poner la gallina y los ingredientes restantes en una olla, agregar agua suficiente para cubrirlos; tapar y cocinar a fuego bajo por 1 hora. Si es necesario, puede agregar más agua.

Retirar, colar a través de un lienzo y eliminar la grasa que flote en la superficie del caldo empleando una toalla de papel (ver pág. 5). Rectificar la sazón y dejar enfriar.

Nota: los caldos «base» de carne y pescado se hacen de la misma manera, pero remplazando la gallina por carne y huesos de res o por cabezas y espinazos de pescado. El tiempo de cocción de la carne de res es mayor y el del pescado, menor. Este último no necesita ser horneado.

Sugerencia: puede congelar estos caldos por unas pocas semanas.

Salsa oscura

*1 taza de cebolla picada
1 taza de zanahoria picada
2 cdas. de apio picado
4 cdas. de mantequilla
2 1/2 cdas de harina
2 cubos de caldo de res concentrado
4 tazas de agua hirviendo
2 lb de hueso de res con tuétano
1/2 taza de aceite de oliva
2 ramas de perejil
1 hoja de laurel
1/4 cdita. de tomillo
2 clavos de olor
1 cda. de pasta de tomate
2 cditas. de sal
1/2 cdita. de pimienta*

Freir los vegetales en la mantequilla por 6 minutos o hasta dorar, revolviendo continuamente. Agregar el aceite y espolvorear con la harina. Continuar la cocción a fuego medio, revolviendo hasta que la preparación tome un color café dorado.

Diluir los cubos de caldo de res en el agua hirviendo y añadirlos a los vegetales dorados.

Agregar los demás ingredientes y revolver para incorporarlos. Tapar y cocinar a fuego bajo por 2 horas. Si es necesario puede agregar más agua para evitar que la salsa se seque.

Retirar los huesos, colar y rectificar la sazón.

PARA PREPARAR 3 1/2 TAZAS, APROX.

Nota: puede refrigerar la salsa por varios días.

Sugerencia: usar esta salsa como base para preparar otras, adicionando algunos ingredientes (ver las sugerencias de la página siguiente).

Salsa demi-glace

2 lb (1000 g) de cola de buey
1 lb (500 g) de huesos o pescuezos de pollo
$^1/_2$ taza de aceite de cocina
2 zanahorias grandes picadas
1 cebolla finamente picada
2 tallos de apio cortados en trocitos
1 ramillete de hierbas (perejil, tomillo, laurel)
1$^1/_2$ cditas. de ajo picado
2 tomates finamente picados
1 taza de vino blanco
1 cdita. de sal
$^1/_2$ cdita. de granos de pimienta negra enteros

Cortar la cola de buey en trozos pequeños y hacerles incisiones. Colocarlos en una lata con los huesos o pescuezos de pollo y hornear a 200°C (400° F) por 40 minutos, o hasta que tomen un color dorado oscuro.

En una olla, calentar el aceite y freír la zanahoria, el apio y la cebolla hasta que pierdan su transparencia y estén ligeramente dorados. Agregar a los vegetales la cola de buey y los huesos horneados, con los jugos que hayan soltado, los ingredientes restantes y agua sufiecente para cubrir todo. Hervir a fuego bajo por 4 horas, revolviendo de vez en cuando y agregando agua para evitar que se seque.

Colar el caldo a través de un lienzo o colador fino. Hervir de nuevo hasta reducir, retirando la grasa y espuma que se forme. Dejar enfriar, verter en moldes pequeños y refrigerar o congelar (si hace esto último, cortar en trozos, envolverlos en plástico y mantenerlos en el congelador).

PARA PREPARAR 3 TAZAS, APROX.

Nota: puede emplear esta salsa como base para preparar otras. Si la emplea sin añadirle nada, rectifique la sazón y condimente al gusto.

Sugerencias: una excelente salsa para carne de cordero se consigue al agregar hierbabuena o menta molida. También puede preparar una rica salsa para carnes agregando a la salsa básica vino rojo, miga de pan y champiñones cortados en finas láminas y dorados en mantequilla.

Puede obtener una deliciosa salsa para pescados si añade a la salsa básica vino blanco y cebolla cortada en tiras y dorada en mantequilla.

Menús Internacionales

Todas las recetas aparecen en el libro. El número que aparece frente al nombre de la receta indica el número de página en que se encuentra.

Menú 1

Salmón ahumado 38

Lomo de cerdo al tamarindo 63

Arroz blanco

Ensalada de papa y trigo 105

Budín "Gallettone" 132

Menú 2

Corazones de alcachofa
gratinados 49

Pollo a la King 67

Papas hawaianas 95

Gelatina de aguacate 109

Flan de leche 123

Menú 3

Mollejitas al curry 43

Pargo rojo en papillote 76

Puré de lentejas 89

Ensalada de repollo y piña 113

Crêpes con salsa de fresas 117

Menú 4

Bisque de langosta 34

Pecho de ternera relleno 62

Papas postizas 96

Ensalada de coliflor con maní 104

Piñas flameadas 121

Menú 5

Tomates con mozzarella
y salami 46

Raviolis "Alexandra" 80

Ensalada de palmitos
y manzanas 113

Mousse de jerez 124

Menú 6

Sopa de cebolla 56

Perdices campesinas al vino 69

Arroz blanco

Ensalada de lechuga con
pistachos 103

Ponqué negro 130

Menú 7

Tahine con garbanzos 54

Kebab 66

Tortilla iraní de papas 93

Ensalada Tabbulé 102

Praliné con mozzarella 118

Menú 8

Crema de coliflor 52

Pato a la pimienta verde 73

Fetuccines "Alfredo" 97

Ensalada de zanahoria
y uvas pasas 111

Mango y papaya
con crema chantillí 120

Menú 9

Caracoles en papillote 44

Bullabesa a mi estilo 77

Ensalada de lentejas al estilo
del Loira 106

Mousse vasco de chocolate 124

Menú 10

Champiñones sobre tostadas 47

Picata de ternera lombarda 61

Puré de zanahoria 92

Ensalada de alcachofas
"Sorrento" 103

Rollo de ciruelas 133

Menú 11

Brochetas de ostras fritas 34

Conejo a la cazadora 65

Arroz con pimiento 88

Ensalada de aguacate
y mandarinas 113

Torta de queso al estilo
de New York 134

Menú 12

Medallones de cordero
con manzana 42

Jambalaya 82

Ensalada de naranja 111

Budín de pan con salsa
de whisky 131

Menú 13

Barquillos de hortalizas 48

Filetes de cherna al limón 75

Papas fritas 96

Ensalada "Waldorf" 112

Pastel de peras 127

Menú 14

Champiñones
en conserva "Alvaro" 50

Pollo relleno al estilo
venezolano 69

Arroz con queso 88

Ensalada de repollo
y encurtidos 112

Budín "espuma" 131

Menú 15

Rollos de pollo y espinaca 46

Calamares a la riojana 78

Tortilla española de papa 93

Ensalada de frutas
y masmelos 115

Turrón de Alicante 119

Menú 16

Cebiche de pescado 36

Steak de pavo al maracuyá 71

Puré de yuca 99

Banano dulce al horno 98

Ensalada siciliana 110

Helado de chocolate mixto 122

Menú 17

Palmitos gratinados 55

Beef Stroganoff 58

Arroz blanco

Ensalada de zanahorias
al oporto 111

Crêpes con salsa de duraznos 117

Menú 18

Langosta gratinada al curry 36

Torta de pasta, carne
y berenjenas 81

Tomates horneados 92

Ensalada de repollo
al roquefort 108

Ponqué blanco
relleno de fresas 128

Menú 19

Crema de champiñones 51

Pescado frito con salsa turca 76

Arroz con ajonjolí 87

Ensalada de mango verde 115

Leche cortada 118

Menú 20

Bananos al curry 50

Pernil de cerdo chino 76

Arroz frito de jade 64

Ensalada de espinacas a la
napolitana 112

Budín "diplomático" 128

Menú 21

Palmitos con salsa Dijon 55

Cazuela de pasta 80

Pimientos al aceite 92

Ensalada de cebolla
y queso 102

Flan de melón 123

Menú 22

Nidos de berenjena
con cangrejo 40

Anca de buey al vino 59

Papas en picadillo 94

Ensalada de Malasia 114

Pastel de pacanas 119

Menú 23

Hígados con salsa de mango 41

Arroz oriental "Grace" 82

Piña frita 98

Budín "Maison Gateau" 132

Menú 24

Crema de lentejas 53

Pollo a la Gascuña 68

Arroz blanco

Arvejitas verdes 89

Ensalada de rábanos,
pepino y palmito 107

Camembert
con uvas verdes 127

Menú 25

Paté de hígado con setas 44

Codornices
rellenas con trigo 72

Apio en salsa 91

Ensalada de alcachofas
a mi estilo 101

Coctel de helado 122

Menú 26

Tortillas de huevo
con mejillones 35

Pato estofado 74

Papas a la brasa 93

Ensalada caliente de frutas 115

Ciruelas al cognac 120

Menú 27

Salpicón de frutas
a mi estilo 56

Lomo de cerdo con ciruelas 64

Frijolitos blancos
de Massachusetts 89

Ensalada de repollo al vino 102

Mousse de menta 125

Menú 28

Ostras a mi estilo 37

Fricasé de gallina al vino 67

Papas francesas a la crema 95

Ensalada de verduras
con salsa verde 108

Crêpes con salsa de naranja 117

Menú 29

Cangrejo estofado 35

Lomo de res al cognac 60

Papas cocidas 96

Ensalada de la campiña 106

Baronesa de durazno 126

Menú 30

Tierrine de mariscos 39

Filetes de ternera al azafrán
con limón 61

Fideos a la mantequilla 97

Ensalada "César" 102

Dátiles con crema 119

Menú 31

Langostinos a la borgoñona 37

Steak de pollo infernal 73

Papas horneadas con
queso 96

Ensalada "Hot Slaw" 110

Bananos "Foster" con helado 121

Menú 32

Flor de cebolla
"New Orleans" 52

Filetes de pescado
a las almendras 75

Arroz con garbanzos 88

Ensalada enchilada 101

Merengón de frutas 118

Menú 33

Caviar 39

Lomo de res a la japonesa 58

Arroz a la paprika 86

Ensalada de las primas 103

Borracho de naranja 129

Menú 34

Papas con anchoas y romero 38

Codornices a la naranja 70

Arroz con fideos 86

Ensalada
"bandera de pimientos" 101

Helado de ciruelas
pasas y almendras 122

Menú 35

Espárragos gratinados
al estragón 51

Pernil de cordero al
estilo del Medio Oriente 66

Cebolla con repollo 91

Puré de papas 94

Ensalada de espinacas
y hierbabuena 105

Sorpresa de leche 119

Menú 36

Deditos de berenjena 53

Lengua de res con ciruelas 59

Papas al estilo Kuku 94

Palmitos con salsa golf 107

Ponqué de zanahoria 129

Menú 37

Sopa de mejillones
a mi estilo 40

Pechugas de pavo al horno 71

Puré de manzanas 92

Ensalada alemana de papa 106

Helado de pistachos con salsa
praliné 122

Menú 38

Huevos gratinados a la
paprika 43

Arroz "isla fuerte" 83

Ensalada de remolacha 110

Copa de piña con Ron 125

Menú 39

Caviar de berenjenas 47

Langosta a la brasa 79

Espaguetis al pesto 97

Ensalada de colorines
"Mardigrás" 104

Mousse de limón 125

Menú 40

Champiñones rellenos
con jamón 41

Conejo a la mostaza 65

Arroz con espinacas 87

Ensalada árabe 107

Molde "tortini helado" 123

Menú 41

Crema de berros 48

Trucha al estilo del valle del Loira 77

Papas con perejil 94

Pastel de berenjenas 91

Ensalada chilena 105

Torta bombón 134

Menú 42

Alcachofas griegas 49

Timbal italiano 81

Ensalada de puerros con queso azul 107

Frutas cristalizadas con mozzarella 120

Menú 43

Pechugas "príncipe hindú" 45

Langostinos al curry 79

Arroz blanco

Ensalada Niçoise 109

Quesos surtidos con frutas 127

Conversión para diferente número de comensales

Todas las recetas están escritas para 4 personas, con unas pocas excepciones que se indican en las mismas.

Si usted quiere preparar los platos para 2 personas utilice la mitad de los ingredientes; si son 8 los comensales, duplique la cantidad; si son 6, agregue la mitad de los ingredientes, o utilice la siguiente tabla.

Donde para 4 dice:	Para 6 calcule:
11	$16^{1}/_{2}$
10	15
9	$13^{1}/_{2}$
8	12
7	$10^{1}/_{2}$
6	9
5	$7^{1}/_{2}$
4	6
3	$4^{1}/_{2}$
2	3
1	$1^{1}/_{2}$
3/4	$1^{1}/_{8}$
2/3	1
$^{1}/_{2}$	3/4
$^{1}/_{3}$	$^{1}/_{2}$
$^{1}/_{2}$	$^{1}/_{3}$

Equivalencias

1. Temperaturas del horno

Baja	200°F = 100°C
	250°F = 120°C
	300°F = 150°C
Media	350°F = 175°C
	375°F = 190°C
	400°F = 200°C
Alta	450°F = 230°C
	500°F = 260°C
	550°F = 285°C
Asar	*Broil*

2. Pesos aproximados de algunos alimentos

1 cebolla cabezona	250 g
1 cebolla larga	20 g
1 papa mediana	150 g
1 pimiento mediano	125 g
1 taza de azúcar	200 g
1 taza de arroz	175 g
1 taza de harina	130 g
1 taza de trigo	200 g
1 taza de uvas pasas	125 g
1 tomate mediano	200 g
1 zanahoria mediana	120 g

3. Pesos y medidas útiles

kilo	32 onzas	1000 g
libra	16 onzas	500 g
onza		31 g
galón	15 tazas	3750 ml
¼ de galón	3¾ tazas	940 ml
litro	4 tazas	1000 ml
botella	3 tazas	750 ml
pinta	2 tazas	500 ml
tarro de cerveza	1½ tazas	375 ml
taza	16 cucharadas	250 ml
copa de vino	½ taza	125 ml
trago de licor	¼ de taza	62 ml
onza fluida		31 ml
cucharada	3 cucharaditas	15 ml
cucharadita	8 pizcas	5 ml

4. Abreviaturas

°C	grados centígrados
°F	grados fahrenheit
cda.	cucharada
cdita.	cucharadita
g	gramo
k	kilogramo
l	litro
ml	mililitro
oz	onza
oz fl	onza fluida

Glosario

Aderezar: condimentar las ensaladas.

Adobar: conservar las carnes en un adobo.

Al dente: indica el término de cocción de las pastas (ni duras, ni blandas).

Ajedrea: hierba de sabor algo picante y fuerte. También se conoce como "jedrea" o "saborea"; en inglés, como "saboy" y en francés, como "sarriette".

Al vapor: sistema de cocción de los alimentos en una canastilla dentro de un recipiente tapado, sobre el agua y sin contacto con la misma.

Andouille: salchicha elaborada con carne de cerdo muy picante.

Baño maría: para cocinar al baño maría se coloca el recipiente con el alimento dentro de otro más grande que contenga agua a 100°C (212°F), lo que evitará que el alimento se sobrecocine cuando el agua hierva.

Brocheta: pincho, chuzo; asar o freír varios trozos de carne y/o vegetales ensartados en una varilla.

Cebolla: cebolla de huevo, cabezona.

Cebolleta: cebollín, cebolla alemana.

Chutney: condimento agridulce preparado con vegetales, frutas y especias cocidos con vinagre y azúcar.

Chuzo: varilla metálica y puntuda que se utiliza para probar el punto de cocción de algunos alimentos, para picar hielo y para hacer brochetas.

Cúrcuma: raíz deshidratada y pulverizada que se usa para dar color a los alimentos, y para impartirles su sabor picante y algo amargo. Se conoce como "azafrán de la India" y en inglés como "turmeric".

Desvenar: eliminar las venas o tendones. En los mariscos quitar la vena, o tripa del lomo.

Dorar: punto de color que toma la superficie de un alimento al hornear, saltear o freír.

Escalonia: chalote. Planta liliácea de aroma más suave que el de la cebolla. Puede remplazarse por cebolla roja o ajo aunque difieren en sabor.

Flamear: producir llama sobre algún alimento con una bebida alcohólica (ver sugerencias pág. 5)

Gratinar: dorar en el horno la capa superficial de un alimento.

Guiso: conjunto de ingredientes picados que se fríen o cocinan, para rellenar o sazonar.

Hierbas de provincia: generalmente son una mezcla de tomillo, romero, ajedrea, hinojo, mejorana, orégano, laurel y, a veces, lavanda.

Juliana: cortar carnes, vegetales o frutas, en tiras muy finas.

Marinar: dejar un alimento cubierto o sumergido en condimentos.

Medallón: trozo de carne pequeño y delgado, cortado en círculos.

Okra: quimbombó. Verdura de origen africano, que tiene la cualidad de espesar. En inglés la llaman también dedos de dama, aludiendo a su figura.

Phyllo: delgada hoja de pasta, elaborada con harina y agua, similar al hojaldre.

Pimienta de Cayena: especia picante obtenida al moler finamente una variedad de chiles deshidratados.

Pincho: ver Brocheta.

Pizca: cantidad de condimento que se puede coger entre los dedos.

Prensapuré: aparato manual que al presionar un alimento lo convierte en puré.

Procesador: ayudante de cocina, aparato eléctrico o manual que pica, corta o mezcla.

Refractaria: recipiente que resiste la temperatura del horno sin fundirse.

Salpimentar: sazonar con sal y pimienta.

Saltear: ver Sofreír.

Sazonar: ver Adobar. Condimentar.

Sofreír: freír ligeramente; ver Dorar.

Sudar: cocer un alimento con poca agua en un recipiente con tapa.

Triturar: Espichar. Disolver un alimento por presión con algún instrumento.

Volcanes: término para indicar las burbujas que dejan hueco durante la cocción.

Vieira: venera. Molusco de carne blanca.

Índice de recetas por grupos

Aperitivos

Entradas

De frutos del mar

De carnes

De vegetales

Platos principales

Carne de res

De carne de ternera

De carne de cerdo

De carne de conejo

De carne de cordero

De aves

De pescados y mariscos

De pastas

De arroz y otros

Acompañamientos

De arroz

De legumbres

De vegetales

De pastas

Varios

Ensaladas

De verduras

De verduras y frutas

De frutas

Postres

Fondos y salsas

Índice alfabético de recetas

N

O - P

Q